꼬리에 꼬리를 무는
고사성어 이야기

꼬리에 꼬리를 무는
고사성어 이야기

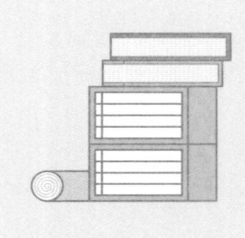

교과서 고사성어부터 사회생활 필수 고사성어까지

조성일 지음

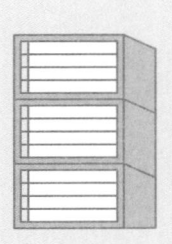
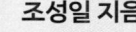
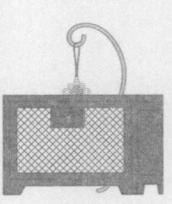

주니어태학

일러두기

● 책명은 《 》, 단편 글이나 영화·노래 제목 등은 〈 〉로 표기했다.

책을 내며

저는 《천자문》을 읽으면서 처음으로 '네 글자 한문'과 마주했습니다. 《천자문》은 중국 남북조시대의 학자 주흥사가 일상생활에서 많이 사용하는 한자 천 자를 골라 네 자씩 묶은 책이죠. 저는 여섯 살이 되었을 무렵, 할아버지께서 한지에 손수 붓으로 써서 묶으신 《천자문》을 펴놓고 사촌들과 함께 읽었어요.

하늘 천, 따 지, 검을 현, 누를 황, 집 우, 집 주, 넓을 홍, 거칠 황······

솔직히 그땐 그게 무슨 뜻인지 몰랐어요. 한자를 익힌다기보다는 훈(뜻)과 음을 함께 읽어야 하는 것으로만 알았죠. 매일 '하늘 천天' 자에서부터 '이끼 야也' 자까지 천자를 반복해 가며 읽었더니 술술 외울 지경이었어요. 그때 할아버지께서는 '음'으로만 읽으라며 뜻풀이를 해 주셨지요.

천지현황이요, 우주홍황이라! 하늘과 땅은 검고 누렇고, 우주는 넓고
거칠다.

어릴 적 이런 경험 덕분에 한자 하나하나에 뜻이 스며 있다는 것
을 또래들보다 빨리 알게 되었어요. 나중에 한자를 '뜻글자', 즉 '표
의문자表意文字'라 부른다는 것도 배웠지요. 가령, '배울 학學' 자에는
'배우다'라는 뜻이 있어요. 우리는 배울 학 자를 보는 순간, 음인 '학'
보다는 뜻인 '배우다'를 먼저 떠올립니다.

반면 우리 한글은 '소리글자', 즉 '표음문자表音文字'라 부릅니다.
소리만 표현할 뿐 뜻을 담고 있지 않는 글자라는 얘기죠. 가령, 한글
로 '학'은 'ㅎ+ㅏ+ㄱ'으로 나눌 수 있습니다. '자음+모음+자음'으
로 이루어진 글자이기에 '학'이라고 읽어요. 이 글자에는 아무런 뜻
이 들어있질 않죠.

한자는 글자 속에 풍성한 뜻과 의미를 담고 있는 것이 특징입니
다. 그런데 더욱 재미있는 것은 지금부터 우리가 만날 '고사성어故事
成語'에는 한자 고유의 뜻에다 그 낱말이 만들어진 탄생 이야기까지
담겨 있다는 점이에요.

고사성어는 앞서 언급했던 것처럼 고사와 성어로 분리해서 살펴
볼 필요가 있어요. 고사는 '옛 고故 자, 일 사事 자'로 된 낱말로 '옛

날이야기'를, 성어는 '이룰 성成 자, 말씀 어語 자'로 된 낱말로 '말을 이룸'이라는 뜻이에요. 그렇다면 고사성어는 옛날이야기에서 비롯된 말이라고 할 수 있죠.

예를 들어 설명해 볼게요. '화룡점정畵龍點睛'은 무슨 뜻일까요? 아직 이야기를 만나지 못했으니 당연히 모를 수밖에 없습니다. 화룡점정은 '그림 화畵 자, 용 용龍 자, 점 점點 자, 눈동자 정睛 자'로 이루어졌어요. 글자 뜻에 따라 직역하면, '용 눈에 점을 찍어 눈동자를 그리다'라고 할 수 있죠. 그런데 직역한 뜻으로는 화룡점정의 진정한 의미를 알 수 없습니다. 화룡점정은 '가장 중요한 부분을 마무리해서 일을 끝내는 것'이라는 의미거든요. 그럼 어떻게 화룡점정이 이런 의미를 품게 됐을까요?

먼 옛날 중국의 한 화가가 절 벽에 용을 그렸대요. 그런데 화가는 중요한 포인트인 용의 눈동자를 그리지 않았습니다. 이상하게 생각한 사람들은 화가에게 왜 그랬냐고 물었지요. 화가는 눈동자를 그려 넣으면 용이 하늘로 날아간다고 했어요. 그래서 화가는……. 일단 맛보기로 여기까지만 이야기할게요. 미리 알면 나중에 본문에서 만날 때 재미가 없으니까요.

이게 바로 고사성어예요. 어떤 것인지 알겠죠? 이 책은 바로 이런 고사성어의 숨은 이야기를 찾아 떠나는 여정입니다.

고사성어와 비슷한 말로 '사자성어四字成語'가 있어요. 사자성어는 고사성어와 달라요. 사자성어는 '네 글자로 이루어진 말'로 고사성어처럼 어떤 이야기에서 유래한 것이라기보다 천자문처럼 그저 한자 네 글자로 구성된 말이라고 볼 수 있어요.

예를 들어 '아전인수我田引水'라는 사자성어를 봅시다. 해석하면 '제 논에 물 대기'지요. 자기 이익만 생각하는 이기적인 행태를 꼬집는 말입니다. 그런데 이 말이 나오게 배경이나 이야기가 없어요. 한자의 뜻으로 이루어진 말이죠. 이 책에서는 이런 사자성어를 다루지 않을 것입니다.

고사성어를 공부한다는 것은 여러 가지로 유익해요. 학교에서 배우기는 하겠지만 대부분이 뜻풀이에만 매달리잖아요. 이 책에서는 고사성어 속 숨은 이야기를 들려주니까 피가 되고 살이 되는 인문학 여행을 하는 셈이죠. 게다가 고사성어 중에서 교과서에 나오는 고사성어만 다루려고 해요. 다양한 교과서에서 가장 많이 나오는 고사성어만 뽑았습니다. 국어, 사회, 역사 등 다양한 과목을 공부하기 위해서는 한자를 빼놓을 수가 없지요. 고사성어는 언급한 과목에 등장하는 이야기의 배경이 되기도 하니까요. 잘 공부해 둔다면 수능을 포함한 모든 시험뿐만 아니라 성인이 되고나서도 살아가는 데 많은 쓸모가 있을 거예요.

고사성어는 촌철살인의 함축적인 표현이기도 합니다. 어떤 상황을 이보다 더 짧고 강렬하게 설명할 수 있을까 싶은 정도지요. 친구들과 얘기하거나 논술을 쓸 때 고사성어 하나를 넌지시 사용해 봐요. 정말 있어 보이지요.

고사성어는 비유의 달인이에요. 열심히 요리를 하는 부모님에게 맛이 없다고 대놓고 말하면 화내겠지요? 이럴 때 "MSG가 요리의 화룡점정이에요"라고 해 보세요. 얼마나 근사한 표현이에요.

마지막으로 좋은 점 하나만 더 얘기할게요. 고사성어를 공부하면 사물을 꿰뚫어 보는 능력인 통찰력을 기를 수 있습니다. 고사성어를 통해 상황 판단, 핵심 파악, 전달 능력, 교양 지식도 동시에 기를 수 있어요. 이런 좋은 점을 두루 갖춘 고사성어를 함께 볼까요? 자, 떠나 봅시다.

2025년 12월

조성일

차례

1장 둘도 없는 친구

2장 끝이 없는 배움

3장 선을 넘지 않는 기술

4장 위기를 기회로 바꾸는 방법

7장 한걸음 더 나아가는 도전

8장 눈앞의 것에 속지 않는 지혜

둘도 없는
친구

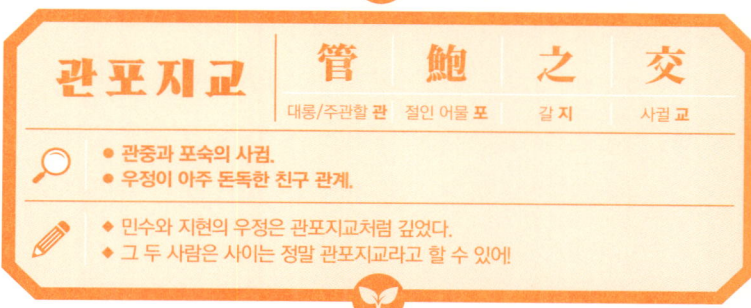

'진정한' 친구는 어떤 친구일까요? 깊게 생각해 보지 않았다면 《사기》에 나오는 관중과 포숙의 이야기를 들여다봅시다.

춘추시대 제나라에 소꿉친구인 관중과 포숙이 있었어요. 홀어머니 밑에서 자란 관중의 집안은 가난했고, 포숙의 집안은 명문가였어요. 포숙은 이런 차이에도 불구하고 관중의 재능이 범상치 않다고 여겼고, 관중 또한 포숙에게 불편한 기색을 내비치지 않았지요.

이 둘은 젊었을 적에 함께 장사를 했어요. 관중이 수익을 더 많이 가져가곤 했어도 포숙은 삶에 여유가 없을 것이라며 너그럽게 이해했죠. 함께 전쟁에 나가서도 관중이 서너 번이나 도망쳤지만 포숙은 늙은 어머니 때문이라며 비겁했다고 생각하지 않았어요.

이런 사이였던 둘은 벼슬길에 나가게 되었어요. 그런데 운명의 장난처럼 두 사람이 섬기는 지도자가 달랐습니다. 관중은 규를, 포숙은 규의 아우인 소백을 섬기게 돼요. 두 형제는 서로 왕위를 놓고 다투었죠. 본의 아니게 관중과 포숙은 적이 되었습니다.

이 싸움에서는 소백이 이겨요. 소백은 제나라의 군주인 환공이 됩니다. 환공은 승리하자 마자 규의 편에 있던 관중까지 죽이려 하죠. 이때 포숙이 환공에게 이렇게 의견을 말했습니다.

관중은 저보다 훨씬 재능이 뛰어납니다. 만약 제나라 통치에 만족한다면 저도 충분하지만, 천하를 다스리고자 한다면 관중이 필요합니다.

신하처럼 어진 왕답게 환공은 포숙의 진언을 받아들여 관중을 대부로 삼습니다. 관중은 기대를 저버리지 않고 능력을 발휘했지요. 결국 관중의 노력으로 환공은 춘추시대를 주름잡는 '패자霸者', 황제로부터 지역을 다스릴 권한을 받은 제후의 우두머리가 됩니다.

패자가 된 환공은 관중에게 누굴 재상으로 삼으면 좋으냐고 물었습니다. 당연히 친구인 포숙을 추천할 것이라고 생각하나요? 하지만 이 이야기에 반전이 없다면 감동이 덜 하겠지요. 관중은 포숙을 추천하지 않아요. 포숙은 너무 청렴결백하고 정직했기 때문입니다.

포숙이 너무 곧아서 모든 간신을 물리칠 것이라는 것이 반대한 이유였죠. 너무 깨끗하면 물고기가 살지 않듯 주변에 사람이 없어질 수도 있다는 점을 걱정했습니다. 이러한 관중의 말을 들은 포숙은 놀라며 말했습니다.

역시 관중이다. 그는 사사로운 인연으로 대업을 망치지 않는 사람이구나!

관중은 훗날 포숙을 이렇게 회고했다고 하네요.

나를 낳아준 사람은 부모지만 나를 진정으로 알아준 사람은 포숙이다.

그 관중에 그 포숙, 그 포숙에 그 관중이죠. 진정한 친구란 이런 사이가 아닐까요?

변치 않는 우정은 어떤 것일까

금란지교	金	蘭	之	交
	쇠 금	난초 란	갈 지	사귈 교

- 쇠처럼 단단하고 난초처럼 향기로운 깊은 우정.
- 친구 사이의 매우 두터운 정.

- 학창 시절 당신의 금란지교는 누구인가요?
- 저 두 사람의 우정은 금란지교네요.

고사성어에는 '우정'이 자주 등장합니다. 앞서 살펴본 관포지교도 그렇지요. 관포지교가 친구 두 사람이 맺은 우정 이야기라면 이번 고사성어는 조금 달라요.

이 고사성어는 《주역》에서 유래했습니다. 《주역》은 철학서로 유교의 기본 경전인 '사서오경四書五經' 중의 하나지요. 사서는 《논어》, 《맹자》, 《대학》, 《중용》을, 오경은 《시경》, 《서경》, 《역경》, 《춘추》, 《예기》를 뜻합니다. 《주역》은 《역경》이라고도 부릅니다. 《주역》의 원제는 단순히 《역》이었는데 후에 경전을 의미하는 '경'이 붙어 《역경》이 되었지요. 아무튼 《주역》의 〈계사전〉에 공자의 말을 봅시다.

군자의 도는 벼슬길에 나아가거나, 혹은 집에 머물러 있거나, 혹은 침묵을 지키거나, 혹은 말하기도 한다. 두 사람이 마음을 합치면 그 날카로움이 쇠를 끊고, 마음을 하나로 해서 말하면 그 향기가 난초와 같다.

여기서 '두 사람이 마음을 합치면 쇠를 끊고, 마음을 하나로 해서 말하면 난초 향과 같다'라는 말에서 '금란지교金蘭之交'라는 고사성어가 비롯됐어요. 당나라 시인 백낙천도 시에 이 구절을 썼네요.

두 사람이 마음을 하나로 하면二人同心
그 날카로움이 쇠를 끊고其利斷金
한마음으로 신의를 맺으면同心之信
그 즐거움이 난과 같다其樂如蘭

주역의 글과 비슷하죠. 당나라의 대홍정이라는 사람은 '금란부金蘭簿'라고 이름을 붙인 장부에 친구를 사귈 때마다 이름을 기록하고 향을 피워 조상에 알렸다는 얘기도 있어요.

쇠는 쉽게 끊어지지 않는 단단함을, 난초 향은 고고한 아름다움을 상징합니다. 우정이 깊은 친구들은 함부로 떼어놓을 수도 없고, 그들이 함께하면 난초 향을 풍긴다는 이야기, 비현실적일 만큼 멋지네요.

약속이란 무엇일까

도원결의	桃	園	結	義
	복숭아 도	동산 원	맺을 결	옳을 의

- 복숭아밭에서 의형제를 맺다.
- 뜻이 맞는 사람끼리 행동을 같이할 것을 약속하다.

◆ 친구들과 도원결의를 맺지 않았다면 시험도 성공하지 못했을 거야.
◆ 우리도 한 번 도원결의를 맺어 보자.

폭력배가 등장하는 영화에는 으레 우정을 다지는 장면이 있어요. 건장한 체구의 사나이들이 한데 모여 의형제를 맺는 의식이죠. 이런 것을 두고 '도원결의'를 한다고 표현해요. 여러분도 이미 알고 있을 법한 이 도원결의는 어디서 유래한 고사성어일까요? 바로 원나라의 소설가 나관중이 쓴 소설 《삼국지연의》에 나와요. 《삼국지연의》는 우리가 흔히 《삼국지》라 부르는 중국 소설입니다. 이 작품은 유비, 관우, 장비 세 사람이 의형제를 맺는 것으로 시작해요. 소설의 배경은 후한 말입니다. 당시 후한 말에는 태평도라는 종교를 앞세우고 머리에 노란 두건을 두른 '황건적'이 반란을 일으켜서 나라가 매우 혼란스러웠어요.

나라에서 이들에게 맞설 관군을 모집했는데, 돗자리 장수 유비가 이 난세를 탄식하고 있었어요. 이를 본 장비가 유비에게 "사나이가 되어서 나라와 백성을 위해 일해야지 어찌 탄식하기만 하는가"라며 꾸짖지요. 그래서 둘은 의기투합해 술집에 들어가 술을 마시는데 마침 의용군을 지원하려던 관우까지 합세하죠. 이 자리에서 장비가 이런 제안을 해요.

우리 집 뒤에 복숭아밭이 있소. 꽃이 한창 필 때요. 내일 동산에서 천지에 제사 지내고, 우리 셋이 의형제를 맺어 힘을 합치고 마음을 함께 하면 큰일을 도모할 수 있을 거요.

세 사람은 다음 날 장비의 복숭아밭에 모여 검은 소와 흰말을 갖추어 제물로 삼고 분향한 뒤 두 번 절하며 함께 맹세합니다.

유비, 관우, 장비는 비록 성씨는 다를지언정 의형제를 맺었으므로 마음을 함께하고 힘을 합쳐 어렵고 위험할 때 서로 도울 것이다. 위로는 나라에 갚고, 아래로는 뭇사람을 평안케 할 것이다. 한날한시에 태어나지 않았으나 한날한시에 죽기를 바란다.

이들은 스물여덟 살인 유비를 맏형, 한 살 아래 관우를 둘째, 스물두 살인 장비를 막내로 서열을 정해요. 제사와 결의를 마친 이들은 희생 제물로 쓴 소를 잡고 술을 준비해서 마을의 용사들을 모았습니다. 순식간에 300명이 모였고, 취할 때까지 술을 마시며 의리를 다졌다고 해요. 이들의 의기투합은 복숭아밭에서 의형제를 맺었다는 의미로 도원결의라고 부르게 되었습니다.

백아는 왜 거문고 줄을 끊었을까

백아절현	伯	牙	絶	絃
	맏 백	어금니 아	끊을 절	줄 현

- 백아가 거문고 줄을 끊다.
- 절친한 친구의 죽음을 슬퍼하다.

◆ 누가 백아절현이 아니랄까 봐, 두 사람의 우정은 눈물이 날 지경이야.
◆ 백아절현이랄 수 있는 친구 한 명만 있어도 성공한 인생이야.

2인조 힙합 그룹 '리쌍'은 대한민국 힙합 역사에 한 획을 그은 가수입니다. '전설'이라는 수식어가 붙어도 어색하지 않을 가수지만, 해체되었기에 여러분들은 모를 수도 있어요. 갑자기 고사성어 이야기하는데 리쌍을 언급한 이유는 지금 함께 알아볼 '백아절현'이라는 고사성어와 연관이 있기 때문입니다.

리쌍은 2008년에 삶을 마친 복싱 선수이자 절친인 최요삼 선수의 죽음을 추모하는 노래를 발표했어요. 처음부터 끝까지 절절한 가사로 유명하죠. 이 노래의 제목은 〈백아절현〉입니다. 어째서 제목을 고사성어로 지었을까요? 백아절현이라는 고사성어의 유래를 알면 이해할 수 있을 거예요.

진나라의 명성을 드높이기 위해 저술된 《여씨춘추》에는 춘추시대 거문고의 명수인 백아와 친구 종자기에 관한 이야기가 실려 있어요.

갖은 노력 끝에 거문고의 대가가 된 백아는 스승 성련의 가르침으로 봉래산에서 바닷물이 출렁이고 새가 지저귀는 소리를 들으며 감정이 마음을 움직이는 이치를 깨달았다고 해요. 백아는 거문고 연주로 무엇이든 표현할 수 있는 경지에 다다랐죠.

친구 종자기는 백아의 거문고 소리를 엄청나게 좋아하는 감상자였어요. 종자기는 백아의 음악을 제대로 온전히 이해할 정도로 감상하는 수준이 높았습니다. 백아가 거문고로 높은 산을 표현하면 종자기는 태산처럼 웅장하다고 하고, 큰 강을 연주하면 마치 황하 같다는 소감으로 맞장구를 쳤죠. 백아가 칠흑같이 어두운 밤에 달빛을 상상하며 거문고로 뜯는데, 종자기가 나타나더니 달빛이 참으로 곱다고 했다는 일화도 있었습니다.

둘은 음악을 함께 즐기며 우애를 다졌고 의형제를 맺었습니다만 잠시 헤어졌다가 이듬해에 만나기로 했어요. 하지만 이듬해 백아가 종자기를 찾아갔을 땐 이미 종자기가 병을 앓고 세상을 떠난 뒤였습니다. 종자기의 소식을 접한 백아는 아주 큰 슬픔에 빠져 친구의 묘를 찾아갔어요. 그곳에서 친구를 위해 거문고로 멋지게 한 곡을 연주하지요. 그러고는 거문고의 줄을 모두 끊고는 이렇게 탄식해요.

내 음악을 알아주는 이가 없는데 연주해서 무엇하리오.

그 후로 백아는 거문고를 연주하지 않았어요. 백아에게 종자기는 진정한 친구, 즉 음악을 아는 '지음知音'이었지요. 절친을 '지음'이라고 하는 것도 이 고사에서 비롯됐어요.

리쌍의 음악 또한 사랑하는 친구를 잃은 백아의 슬픔처럼 큰 슬픔이 담겨 있습니다. 나를 이해해 주는 한 사람이 세상에 없다는 슬픔을 노래에 전부 녹일 수는 없겠지만, 노래를 듣는 것만으로도 얼마나 큰 슬픔을 겪고 있는지는 알 수 있지요.

여러분도 절친한 친구와 물리적으로 거리가 멀어져 자주 보지 못한 경험이 있을 것입니다. 그럴 때 이 고사를 떠올리며 친구에게 연락해 보는 것은 어떨까요? 몸은 멀지만 마음이라도 가까워진다면 슬픔은 조금 줄어들 것입니다.

2장

끝이 없는
배움

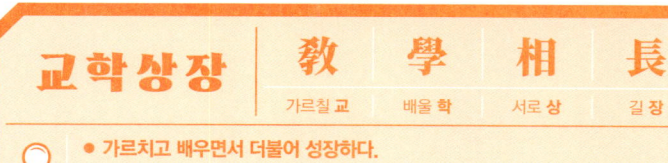

스승이 제자에게 배울 수 있을까

교학상장	教	學	相	長
	가르칠 교	배울 학	서로 상	길 장

 ● 가르치고 배우면서 더불어 성장하다.

● 선생님도 학생에게 배워요. 서로 교학상장 하는 거죠.
● 교학상장 정신을 살리면 모두에게 도움이 돼요.

사람들은 제가 글쓰기 강의를 많이 하니까 글쓰기 달인으로 생각
해요. 하지만 과연 그럴까요? 겸손해서 하는 말이 아니라 솔직히
달인은 아닌 것 같습니다. 수강생들에게 글쓰기를 가르치다 보면,
순간순간 배우는 것이 있기 때문이죠. 어떤 때는 강의하면서 새로운
깨달음을 얻기도 하고, 또 어떤 때는 수강생들의 글과 질문에서 배
워요.

가르치는 사람은 배울 것이 없고, 배우는 사람은 가르칠 것이 없
다고 생각하기 쉬워요. 얼핏 보면 그럴 수 있죠. 가르치는 사람과 배
우는 사람의 위치가 다르니까요. 그런데 가르치는 사람이 모든 지식
을 습득해서 가르치는 것은 아닙니다. 배우는 사람보다 조금 더 알

뿐이죠. 배우는 사람도 가르치는 사람이 모르는 것을 알고 있을 수 있어요. 그래서 서로 배움을 주고받을 수 있는 것입니다.

지금부터 알아볼 '교학상장'은 '가르치고 배우면서 서로 성장한다'라는 의미를 담고 있어요. 이 말은 《예기》에서 유래했지요.

> 옥은 쪼지 않으면 그릇이 안 되고, 사람은 배우지 않으면 도를 알지 못한다. 이런 까닭으로 옛 왕은 나라를 세우고 백성들에게 임금 노릇을 할 적에 교敎와 학學을 우선으로 삼았다.

여기서 '교'와 '학', 가르침과 배움이 나옵니다. 공자는 평생 공부를 중요하게 여겼어요. 《논어》에는 "배우고 익히면 이 또한 즐겁지 아니한가"라는 말도 나왔죠. 그래서 《예기》에서도 공부를 자주 언급했어요.

> 비록 좋은 안주가 있더라도 먹지 않으면 그 맛을 모르고, 비록 지극한 도가 있더라도 배우지 않으면 그 좋음을 알지 못한다. 이런 까닭으로 배우고 나서 부족함을 알고, 가르치고 나서 막힘을 알게 된다. 부족함을 알면 스스로 반성할 수 있고, 막힘을 알면 스스로 힘쓸 수 있으니, 가르치면서 배우고 서로 성장한다.

교학상장은 바로 맨 마지막 구절에 등장합니다. 이 말은 늘 겸손

하며 배우는 자세를 가지라는 말이에요. 서로 앎과 배움을 나누는
교학상장의 정신은 더 나은 세상을 만드는 밑거름입니다.

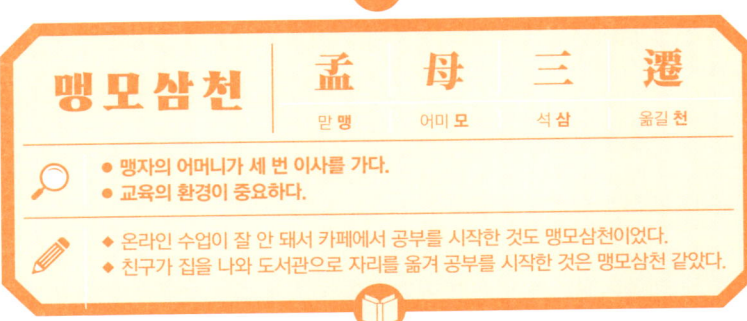

공부하는 환경이 정말 중요할까

맹모삼천	孟	母	三	遷
	맏 맹	어미 모	석 삼	옮길 천

- 맹자의 어머니가 세 번 이사를 가다.
- 교육의 환경이 중요하다.

◆ 온라인 수업이 잘 안 돼서 카페에서 공부를 시작한 것도 맹모삼천이었다.
◆ 친구가 집을 나와 도서관으로 자리를 옮겨 공부를 시작한 것은 맹모삼천 같았다.

자녀의 좋은 교육 환경을 마련하려는 부모의 마음은 당연히 클 것입니다. 맹자 어머니는 부모의 교육열에 관한 이야기에 늘 등장하는 인물인데요. 맹자 어머니는 남편이 없었고 가난했지만 맹자의 교육을 위해 정말 애썼습니다.

옛날엔 홀어머니 밑에서 자란 자식을 탐탁지 않게 여기는 경향이 있었어요. 가정교육을 제대로 받지 못했을 것이라는 편견 때문이었습니다. 그래서 홀어머니들은 자식들에게 유난히 '아빠 없는 자식 소릴 듣지 않게 하라'라는 말을 강조했어요. 맹자 어머니도 이런 생각으로 자식 교육에 남다른 신경을 썼어요.

그런데 자식 교육에서 가정교육 못지않게 중요한 것이 주변 환경이에요. 환경에 따라 보고 배우는 것이 다르거든요.

어렸을 때 아버지를 여읜 맹자는 집이 가난해지자 공동묘지 근처로 이사를 가게 됩니다. 그래서인지 맹자는 밖에 나가서 아이들하고 놀 때면 으레 무덤을 파고 곡을 했대요. 늘 보고 듣는 것이 장례와 관련된 모습들이었을 터이니 어쩌면 당연했겠지요.

맹자 어머니는 아들의 행동에 큰 충격을 받았습니다. 장례 놀음이 어린아이의 놀이는 아니잖아요. 그래서 맹자 어머니는 맹자의 주변 환경을 바꿔 주어야겠다고 생각하고는 다시 이사합니다.

두 번째로 이사한 곳은 시장 부근이었어요. 새로운 환경이라 아들의 놀이가 달라지길 바라던 맹자 어머니는 맹자를 유심히 지켜봤어요. 그런데 이번에는 장사꾼 놀이를 하는 것이 아니겠어요. 물건을 잔뜩 쌓아 놓고 팔기 위해 흥정하는 흉내를 내며 놀았던 거예요. 다시 충격을 받은 맹자 어머니는 세 번째 이사를 감행하게 됩니다. 이번에는 어디로 갈 것인지 깊이 고민하다 서당 부근이 좋겠다는 생각이 들어 곧바로 떠났습니다.

서당 부근으로 이사를 간 맹자는 어떻게 놀게 되었을까요. 맹자는 친구들과 어울려 글을 읽고 글씨를 쓰며 놀았답니다. 또 어른들을 만나면 꾸벅 인사를 하며 예절도 잘 지켰어요.

이렇게 맹자 어머니가 세 번씩이나 이사하며 아들 교육에 힘쓴 결과, 맹자는 '성선설性善說'이라는 학설을 만든 유교의 대표 사상가가 됩니다. 성선설이란 인간은 원래 선한 본성으로 태어난다는 학설이지요. 부질없는 의문문이지만, 만약 맹자 어머니가 세 번 이사하지 않았다면, 우리가 맹자라는 훌륭한 사상가를 만날 수 있었을까요?

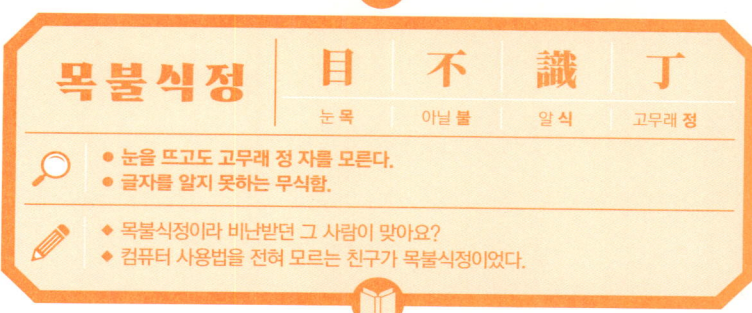

무식하다는 것은 무엇일까

목불식정	目	不	識	丁
	눈 목	아닐 불	알 식	고무래 정

🔍
- 눈을 뜨고도 고무래 정 자를 모른다.
- 글자를 알지 못하는 무식함.

✏️
- 목불식정이라 비난받던 그 사람이 맞아요?
- 컴퓨터 사용법을 전혀 모르는 친구가 목불식정이었다.

글을 읽거나 쓸 줄 모르는 상태 또는 사람을 '문맹文盲'이라고 합니다. 순우리말로는 '까막눈'이지요. '낫 놓고 기역 자도 모른다'라는 문맹과 관련된 속담도 있습니다. 옛날에는 이런 속담까지 나올 정도로 글을 모르는 사람이 많았습니다.

국가는 인구가 읽고 쓸 수 있는 능력을 가늠하고자 '문맹률'을 측정하기도 하지요. 현재 대한민국의 문맹률은 1퍼센트 미만이라고 합니다. 과거에는 낫 놓고 기역 자를 모른다는 속담을 액면 그대로 받아들여도 뜻이 통했어요. 하지만 문맹률이 0퍼센트에 가까운 지금은 의미가 변해 눈이 있어도 제대로 보지 못하는 '어리석음'을 나타내는 말로 사용됩니다. 이 속담과 같은 의미의 고사성어를 지금부터 살펴보려고 해요. 바로 '목불식정'입니다. 목불식정 고사에서는 우리 한글의 기역 자가 아닌 한자 고무래 정丁 자를 써요. 우선 이 말의 유래부터 알아볼게요. 중국 왕조에서 공인한 정사인 '이십사사二十四史' 중 하나인 《구당서》의 〈장홍정전〉에 나와요.

당나라 때 장홍정이란 관리가 있었어요. 장홍정은 관리였지만 똑똑한 선비는 아니었죠. 부잣집 아들이었던 그는 성품이 오만불손하고 방자했습니다. 성격이 이러니 당연히 공부도 하지 않았지요.

그가 관리가 된 것도 전부 부모 덕입니다. 그의 아버지 장연상은 공부를 많이 했는데, 높은 벼슬을 지내며 많은 공을 세웠어요. 아버지의 덕으로 장홍정은 벼슬을 나갔지요. 옛날엔 '음서蔭敍'라 해서 공훈이 있는 관리의 자식에게 특별히 벼슬을 주었거든요.

장홍정은 노룡을 다스리는 수장인 절도사 직책을 맡게 되었습니다. 절도사라면 당연히 부하들과 함께 병영 생활을 하며 솔선수범해야 했죠. 하지만 그는 군사를 괴롭히고 되레 사기를 떨어뜨리는 일만 저질렀어요. 아무리 명령을 받는 부하들이라 해도 참는 데 한계가 있기 마련이었죠. 여기저기서 불만이 터져 나오기 시작했어요. 그러자 장홍정이 부하들에게 이렇게 꾸짖었대요.

지금 천하가 태평한데, 너희가 활을 당긴들 무슨 소용이 있겠느냐. 차라리 고무래 정 자 하나라도 아는 게 낫지.

고무래는 '고무래 정丁' 자와 비슷하게 생긴 농기구예요. 그런데 군인는 전쟁에 대비하기 위해 태평할 때 훈련하잖아요. 장홍정이 제 딴에는 잘난체했지만, 되레 무식함을 드러내고 말았네요. 이렇게 장 홍정 같은 사람이 주변에서 지적질을 한다면 목불식정 고사를 떠올려 보세요.

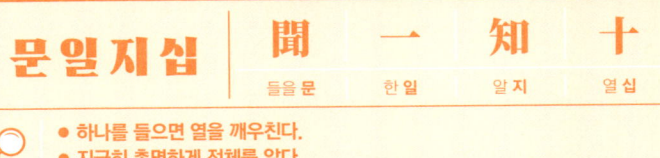

하나를 들으면 열을 아는 사람은 무엇이 다를까

문일지십 聞 一 知 十
들을 문　한 일　알 지　열 십

- 하나를 들으면 열을 깨우친다.
- 지극히 총명하게 전체를 알다.

◆ 선생님 설명 한 번으로 문제 풀이 방법을 바로 이해한 친구는 문일지십이었다.
◆ 어떻게 규칙만 보고 바로 게임을 해? 넌 정말 문일지십이야.

성인으로 추앙받는 공자에게는 많은 제자가 있었어요. 따르는 제자가 3000명이나 되었고, 이름이 알려진 제자도 70명이 넘었죠. 그중 가장 뛰어난 열 명을 추려 '공문십철孔門十哲'이라고 부릅니다. 공문십철 중 가장 돋보인 제자는 '자공'과 '안회'였다고 해요.

자공은 언변이 뛰어나고 정치적 능력도 남달랐습니다. 노나라와 위나라 재상을 지낼 정도였지요. 자공은 여러 나라의 제후를 만나는 자리에서도 스승 공자를 모시고 다니면서 제후들이 스승의 가르침을 받을 수 있도록 했습니다. 성격이 괄괄하고 한편으로는 겸손이 부족한 자공은 주변에서도 좋은 평가를 받았어요. 오죽하면 '중니(공자)보다 자공이 더 낫다'라는 말이 돌 정도였으니까요. 게다가 자공은 장사 수완 또한 좋았습니다. 그는 장사하면서 번 많은 돈으로 공자와 함께 공자학당을 꾸렸어요.

반면 안회는 가난했지만 오로지 공부에만 몰두하고 덕을 기르는 데에 온 신경을 썼어요. 공부가 깊어지면서 그는 스승과 말이 통하는 제자가 되었죠. 안회는 공자의 제자 가운데 '겸허한 구도자의 상징'인 인물입니다. 오죽하면 안회가 공자보다 먼저 죽자 공자가 곡하면서 "내가 이 사람을 위해 애통해하지 않으면 대체 누굴 위해 애통해 하겠는가"라고 말했다고 해요.

자공과 안회에 관한 이야기는 《논어》의 〈공야장〉에 나와요. 어느 날 공자가 자공을 부르더니, 자공에게 이렇게 물었지요.

공자 자공아, 그대와 안회를 비교하면 누가 더 낫다고 생각하느냐.
자공 제가 어찌 안회보다 낫겠습니까. 안회는 하나를 듣고 열을 알지만 전 하나를 들으면 겨우 둘 정도만 알 수 있을 뿐입니다.

자공의 대답은 꽤 겸손하죠? 아무리 자공이 겸손이 부족하다고 한들 공자의 제자입니다. 다른 제자에 비해 겸손하지 않다는 것이지, 근본이 글러 먹은 사람은 아니지요. 물론 자공이 스승의 의도를 알아차리고 겸손한 태도를 보였을 수는 있어요. 그래도 겸손을 깨우친 거니까 좋은 일 아닌가요? 아무튼, 공자와 자공의 대화에서 '하나를 듣고 열을 안다'라는 말에서 문일지십이라는 고사성어가 탄생하게 되었답니다.

　지식은 단편적으로 쌓일 때는 금세 흩어져 버리지만, 서로 연결되기 시작하면 비로소 통찰이 됩니다. 안회가 하나의 말을 들었을 때 열을 이해할 수 있었던 것은 그가 타고난 천재여서가 아니라, 스승의 말 한마디를 결코 가볍게 듣지 않는 태도 그리고 그 의미를 곱씹어 더 넓은 세계와 연결하려는 노력이 있었기 때문입니다.

　우리도 마찬가지입니다. 배움의 여정에서 중요한 것은 많은 정보를 빠르게 흡수하는 능력이 아니라, 조금을 배워도 깊이 생각해 보고 그것을 다른 경험과 지식에 비추어 스스로 확장해 보는 힘입니다. 이 힘이 쌓일수록 새로운 문제를 만났을 때도 도망치지 않고 스스로 답을 만들어 갈 수 있지 않을까요. 여러분도 자신만의 힘을 길러 문일지십을 할 수 있도록 노력해 봅시다.

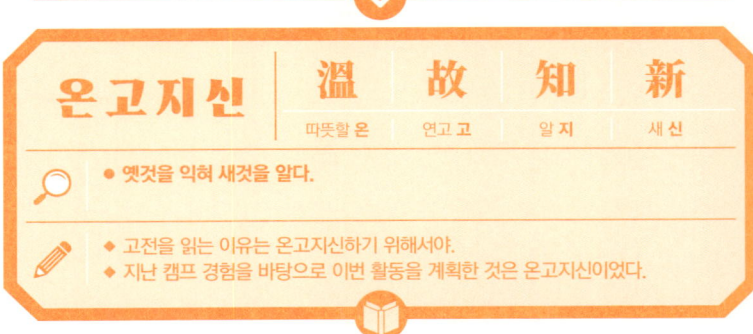

오래된 것에서 새로운 것을 배울 수 있을까

온고지신	溫	故	知	新
	따뜻할 온	연고 고	알 지	새 신

● 옛것을 익혀 새것을 알다.

◆ 고전을 읽는 이유는 온고지신하기 위해서야.
◆ 지난 캠프 경험을 바탕으로 이번 활동을 계획한 것은 온고지신이었다.

역사는 과거의 사건이지만, 현재의 우리를 비춰 볼 수 있는 거울입니다. 거울에서 마주한 자신의 얼굴은 과거가 축적된 결괏값이죠. 갓 태어난 아기의 얼굴에 시간이 깃들면서 여러 가지가 켜켜이 쌓여 지금의 얼굴이 된 것이죠. 현재의 얼굴을 깊게 들여다보면 어렸을 때의 모습도 얼핏 드러나지요. 그런데 지금의 얼굴을 제대로 이해하려면 옛날 모습도 자세하게 더듬어 보아야 합니다. 오래전에 쓴 일기를 보거나 빛바랜 사진을 보기도 해야겠죠. 이런 작업도 '역사 공부'라고 할 수 있습니다.

그렇다면 역사를 왜 공부해야 하는지 궁금해집니다. 여러 이유가 있겠지만 가장 유력한 이유는 옛날 이야기에서 앞날을 살아갈 삶의 지혜를 찾을 수 있기 때문입니다. 또 역사적 사건을 교훈 삼아 같은 실수를 방지할 수도 있지요. 물론 좋은 것은 당연히 본받아야 합니다. 이런 점에서 공자가 《논어》의 〈위정〉에서 말한 '온고지신'은 의미심장한 말이에요. '옛것을 익혀 새것을 안다'라는 온고지신 정신은 모두가 항상 기억해야 할 덕목입니다.

온고지신을 유심히 살펴보면 한자 풀이가 조금 이상합니다. 고사성어에서 '따뜻할 온溫' 자는 원래 한자 뜻인 '따뜻하게 하다'라는 의미잖아요. 그런데 맥락상 '익히다', '배우다'라는 의미로 쓰입니다. 이를 적용하면 '따뜻하게 해서 생기가 돌게 하다', 즉 옛것을 따뜻하게 해서 활력을 돌게 하고, 이것으로 새것을 안다는 의미로 해석할 수 있어요.

어제 없는 오늘은 없습니다. 삶은 과거에서 현재를 거쳐 미래로 나아가는 영속성을 지니고 있지요. 그래서 어느 한순간이라도 빼놓고 삶을 설명할 수는 없습니다. 사람의 얼굴처럼 오늘은 어제의 일들이 진화한 것이기 때문입니다.

공자는 온고지신, 즉 옛것을 알아 새것을 알게 되면 '스승'이라 할 만하다고 했어요. 스승은 가르치는 사람이잖아요. 옛 학문을 되풀이해서 공부하다 보면 새로운 현실을 이해할 수 있는 통찰력을 갖출 수 있습니다. 그런 사람이라면 남을 가르칠 자격이 충분할 테고요.

살펴보면 새로운 것 대부분 옛것을 토대로 만들어졌어요. 요즘 핫

한 이슈인 AI만 해도 고대 철학의 사유의 구조, 수학과 논리학의 형식화의 힘 등을 배워 만들어진 것이지요. 게다가 큰 성과를 낸 과거의 IT 기술이 없다면 지금의 AI가 구현되지 못했을 수도 있습니다. 이 지구상에 완전히 새로운 것은 없다고 생각해요. 그래서 옛것을 익혀야 하고 그 익힘을 통해 새로운 것을 창조해야겠죠. 그게 바로 '온고지신 정신'이 아닐까요?

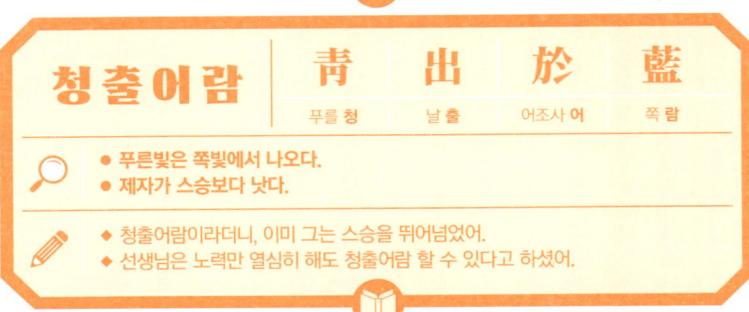

제자가 스승을 뛰어넘을 수 있을까

청출어람	青	出	於	藍
	푸를 청	날 출	어조사 어	쪽 람

- 푸른빛은 쪽빛에서 나오다.
- 제자가 스승보다 낫다.

◆ 청출어람이라더니, 이미 그는 스승을 뛰어넘었어.
◆ 선생님은 노력만 열심히 해도 청출어람 할 수 있다고 하셨어.

우리나라의 대표적인 스포츠 종목으로는 양궁, 쇼트트랙, 스피드 스케이팅 등이 있습니다. 우리나라의 바둑도 세계 최고지요. 바둑은 스포츠가 아니라고 할 수도 있겠지만, 엄연히 아시안게임 정식 종목이었어요.

우리나라 바둑계엔 여러 전설적인 선수가 있어요. 신진서, 목진석, 최정 등 그 이름을 다 헤아릴 수 없어요. 그중 옛날 대표적인 국수(바둑 고수)로 조훈현과 이창호는 전설 중의 전설이라 평가받는 선수들입니다. 재밌는 것은 두 사람이 스승과 제자라는 점이에요. 바둑에 남다른 재주를 보인 이창호가 열 살 때 세계 최고 국수 조훈현의 제자로 들어가요.

조훈현에게 가르침을 받은 이창호는 하루가 다르게 실력이 쑥쑥 자라 그 이듬해에 프로가 돼요. 그리고 여러 바둑대회에서 타이틀을 쓸어모으기 시작하죠. 그러다 이창호가 열다섯 살 때, 운명의 장난처럼 스승 조훈현과 대결해요. 놀랍게도 이창호가 승리하지요. 당시 모든 매스컴에 이 소식이 대서특필되며 사람들의 이목을 끌었어요. 이창호는 조훈현의 제자가 되었을 때부터 관심의 대상이었지만 사제 간 대결에서 제자의 승리는 하나의 사건이 되었던 것이죠.

이런 상황을 '청출어람'이라는 고사성어로 근사하게 표현할 수 있어요. 청출어람은 '푸른빛은 쪽빛에서 나왔다'라는 의미인데, 이는 한자성어 '청출어람 청어람'의 앞부분입니다. 청출어람 뒤에 '푸른빛이 쪽빛보다 더 푸르다'라는 '청어람靑於藍'이 붙었기 때문에 '스승보다 제자가 더 뛰어나다'라고 해석할 수 있습니다. 청출어람은 《순자》의 〈권학〉에서 비롯됐어요. 여기에 보면, "배움은 그만둘 수 없는 것"이라면서 이런 말이 이어져요.

푸른 물감은 쪽풀에서 얻었지만 쪽풀보다 푸르고, 얼음은 물이 변한 건데 물보다 차갑다.

순자는 이 말을 하면서 "널리 배우고 매일 여러 번 자신을 돌아보면 지혜는 밝아지고 행동에 허물이 없어진다"라며 끊임없이 공부해야 함을 강조했죠.

제자가 스승보다 더 나아져야 스승도 가르치는 보람이 있어요. 아마 여러분의 선생님들도 똑같은 마음일 거예요. 독일 철학자 니체가 "제자로만 남으면, 스승에게 누를 끼치는 것이다"라고 했잖아요. 스승의 마음은 다 그럴 것입니다. 그러니 열심히 배우고 스승을 넘어 청출어람을 해 봅시다.

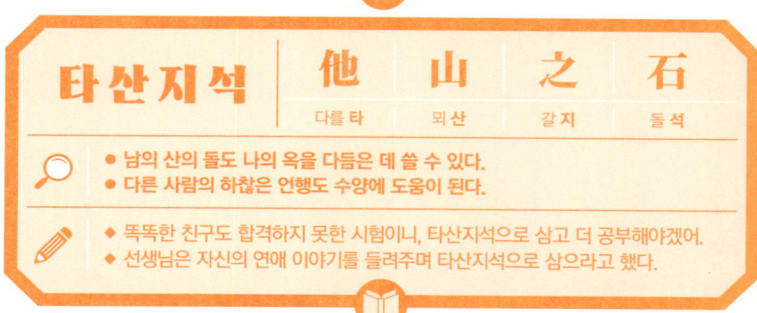

누구에게나 배울 점이 있을까

타산지석	他	山	之	石
	다를 타	뫼 산	갈 지	돌 석

- 남의 산의 돌도 나의 옥을 다듬은 데 쓸 수 있다.
- 다른 사람의 하찮은 언행도 수양에 도움이 된다.

◆ 똑똑한 친구도 합격하지 못한 시험이니, 타산지석으로 삼고 더 공부해야겠어.
◆ 선생님은 자신의 연애 이야기를 들려주며 타산지석으로 삼으라고 했다.

베스트셀러 《예언자》의 작가 칼릴 지브란은 이런 말을 했습니다.

나는 수다쟁이로부터 침묵을, 편협한 이부터 관용을, 불친절한 이로
부터 친절을 배웠다. 하지만 이상하게도 이 스승들에게 고맙지 않다.

수다쟁이, 편협한 사람, 불친절한 사람이 스승일 수는 없지만 작
가는 그들의 행동을 반대로 하면 좋은 결과를 얻을 것이라는 깨우
침을 전합니다. 이런 상황을 '반면교사'로 삼는다고 해요.

반면교사는 남의 잘못된 일에서 얻게 되는 가르침입니다. 주변을
둘러보면 이런 사례가 많지요. 수업을 방해하는 친구를 보면 당연히

'난 저러지 말아야지'라고 생각하듯 말입니다.

　'타산지석', '남의 산의 돌'이라는 뜻의 고사성어는 반면교사보다 더 적극적입니다. '다른 사람의 보잘것없는 것으로도 자신의 수양을 향상시키는 데 도움이 될 수 있다'라는 뜻이죠. 타산지석은 《시경》의 〈소아〉에 나오는 〈학명〉이란 시에서 유래했어요.

　　즐거운 저 동산에는 樂彼之園

　　심어놓은 박달나무가 있고 爰有樹檀

　　그 아래 닥나무 있네 其下維穀

　　남의 산의 돌이라도 他山之石

　　이로써 옥을 갈 수 있네 可以攻玉

　남의 산의 돌로 무엇을 할 수 있을까요? 나의 산에도, 길가에도 널린 것이 돌인데 말이죠. 하지만 이 시의 화자는 아무짝에도 쓸모없다고 여겨지는 '남의 산의 돌'도 가져다가 숫돌로 쓰면 옥을 갈 수 있다고 말합니다.

　우리는 다 누군가에게 쓸모 있는 인간이에요. 공자는 "세 사람이 행동하면 반드시 내 스승이 있다"라고 했어요. 동시에 "분간해서 선한 것은 따르고, 선하지 않은 것은 고쳐라"라고 했지요. 아주 하찮은 것이라도 배울 점이 있고, 그것을 분간할 능력을 기른다면 살면서 마주하게 될 끝없는 배움으로 큰 지혜를 쌓을 수 있을 거예요.

결국 중요한 것은 사물이나 사람의 겉모습이 아니라, 그 안에서 무엇을 발견하고 어떻게 활용하느냐입니다. 배움은 늘 거창한 곳에서만 오지 않고, 때로는 뜻밖의 장소와 예상치 못한 사람에게서 찾아오곤 합니다. 그래서 열린 마음을 가진 사람은 어디에서든 스승을 만나고, 닫힌 마음을 가진 사람은 가까운 지혜조차 보지 못합니다. 우리가 늘 겸손한 자세로 세상을 바라본다면, 남의 산의 돌도 옥을 갈고 자신의 삶을 닦는 귀한 도구가 될 것입니다. 그렇게 쌓인 작은 배움들이 결국 우리의 삶을 단단하게 만드는 법이지요.

환경이 나쁘면 노력은 소용없을까

형설지공 | 螢 雪 之 功

반딧불이 **형**   눈 **설**   어조사 **지**   공 **공**

- 반딧불과 눈빛으로 공부한 공.
- 고생 속에서도 꾸준히 공부해서 얻은 보람.

- 그는 형설지공으로 공부에 매진했어.
- 도현은 집안이 어려웠는데도 형설지공으로 노력해서 대학 장학금을 받았어.

지금은 전기 없는 삶을 생각할 수 없지만, 몇십 년 전까지만 해도 전기가 없어도 살 수 있었습니다. 저는 고등학교 2학년이 되고 나서 전기를 썼어요. 강원도의 어느 시골에서 살았던 터라 전기가 없을 때는 불을 밝힐 때 호롱불을 켰지요. 시골에서는 '남폿불'이라고도 불렀는데, 아마 영어 '램프'가 대일항쟁기(일제 강점기)를 거치면서 일본어 발음과 섞여 만들어진 것으로 추정됩니다.

호롱불마저도 생활이 어려운 집에서는 켤 수 없었어요. 등잔불로 방을 밝혔지요. 촛불은 부자가 아니고서야 꿈도 꾸지 못했습니다. 그래도 우리 집은 형편이 어려웠음에도 부모님께서 저의 공부를 위해 호롱불을 켜 주셨어요. 덕분에 열심히 공부할 수 있었지요.

고등학교는 도시로 나가서 다니게 되었는데, 한문 시간에 저의 일화를 설명하는 고사성어를 만나 놀랐어요. 지금부터 알아볼 '형설지공', '반딧불과 눈빛으로 글을 읽는다'라는 뜻의 고사성어지요. 형설지공은 《진서》의 오나라 관료 차윤전과 진나라 학자 손강의 고사에서 유래했어요.

차윤은 어려서부터 부지런하고 공부를 좋아했었대요. 그런데 집이 너무 가난해서 밤에 불을 밝힐 기름을 살 수 없었어요. 하지만 차윤은 밤에도 책을 읽고 싶어서 여러 방법을 찾으려 했습니다. 그러다 차윤은 여름에 많이 날아다니는 반딧불이 여러 마리를 명주 주머니에 넣어 그 빛으로 글을 읽었어요. 그렇게 해서 차윤은 이부상서가 되었고, 현재의 총리인 상서랑까지 올라가요.

손강 역시 차윤과 비슷한 처지였어요. 마음이 맑고 책 읽기를 좋아했지만 차윤처럼 밤에는 깜깜한 곳에서 책을 겨우 읽으며 답답함을 달래야만 했어요. 그러다 창밖에 쌓인 눈에 반사된 달빛이 글을 읽을 수 있을 만큼 제법 밝다는 사실을 알게 되었어요. 손강은 눈빛에 기대 열심히 공부해 어사대부라는 벼슬까지 되었다죠.

허무맹랑하게 보일 수도 있지만, 어려워도 열심히 공부한다는 의미로 받아들이면 좋겠습니다. 비단 공부뿐만 아니라 어려운 상황에 직면했을 때도 방법을 찾는 사람들의 지혜로 받아들여도 좋지요.

3장

선을 넘지 않는 기술

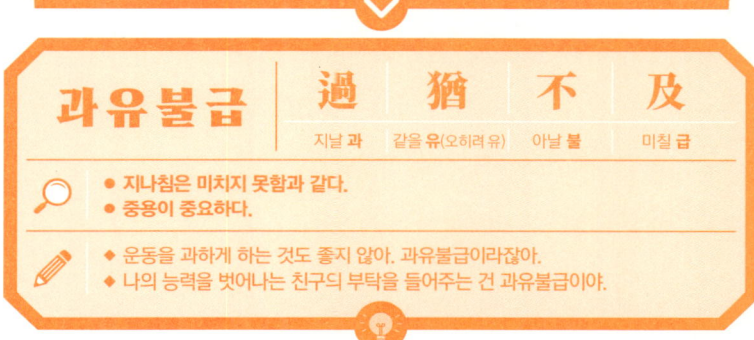

많으면 많을수록 좋을까

과유불급	過	猶	不	及
	지날 **과**	같을 유(오히려 유)	아닐 **불**	미칠 **급**

- 지나침은 미치지 못함과 같다.
- 중용이 중요하다.

- 운동을 과하게 하는 것도 좋지 않아. 과유불급이라잖아.
- 나의 능력을 벗어나는 친구의 부탁을 들어주는 건 과유불급이야.

오랜만에 만난 친구가 반가워서 이것저것 말하다가 친구에게 "적당히 해라"라는 말을 들어 봤을 것입니다. 이처럼 말을 많이 하다 보면 득이 되기는커녕 되레 손해가 되기도 하죠. 이럴 때 쓸 수 있는 적당한 고사성어가 있어요.

공자와 그의 제자들의 어록을 엮은 경전인 《논어》의 〈선진〉에 제자 자공과 스승 공자가 대화를 나누는 부분이 있습니다. 정치적 식견이 뛰어났던 자공은 현란한 말솜씨로 노나라와 위나라 재상을 지내는 한편 재산도 많이 모았어요. 공자를 재정적으로 돕는 후원자 역할을 했죠. 자공은 공자의 제자 중 공자와 마흔 살 넘게 나이가 차이 나는 자장과 자하가 궁금했던 모양이에요. 그래서 공자에게 물었어요.

자공 자장과 자하 중 누가 더 어집니까?
공자 자장은 지나치고, 자하는 미치지 못한다.
자공 그러면 자장이 낫다는 말씀입니까?
공자 지나침은 미치지 아니함과 같으니라.

알쏭달쏭하죠? 그러면 자공이 궁금해하는 자장과 자하에 관한 공자의 평을 알아볼까요. 공자는 자장과 자하를 이렇게 말합니다.

자장은 재질이 뛰어나고 뜻이 넓어서 구차하고 어려운 일을 하기를 마다하지 않는다. 그러나 항상 적당함을 지나쳤다. 자하는 독실하게 믿고 삼가 지키느라 생각의 규모가 작아서 항상 미치질 못했다.

공자의 말에서 고사성어 '과유불급過猶不及'을 알 수 있습니다. 지나치지도 모자라지도 않은 상황, '중간'이란 말이 생각나네요. 편 들어야 할 일이 생기면 으레 "적당히 중간만 해라"라는 말을 듣죠. 아마 이게 현명한 처세일 수 있어요.

이 말을 들으면 《논어》에 나오는 '중용中庸'이란 단어가 생각납니다. 《논어》에서는 "치우치지 않음을 '가운데 중中', 변치 않음을 '쓸

용_庸'이라 한다"라고 했지요. 중은 천하의 바른길이니 한쪽으로 치우칠 수 없고, 용은 천하가 정한 이치라 변하지 않아요. 따라서 중용은 지나치거나 모자람이 없는 상태를 말해요. 그래도 자공과 공자의 일화로 우리는 과유불급의 태도를 어렴풋이 받아들일 수 있을 것 같습니다.

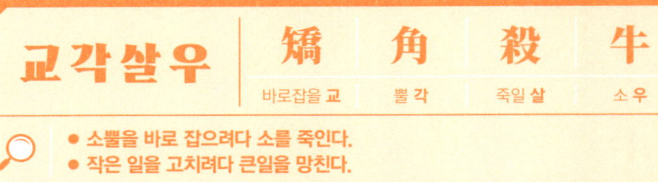

잘하려다 더 망치게 되는 이유는 무엇일까

교각살우	矯	角	殺	牛
	바로잡을 교	뿔 각	죽일 살	소 우

- 소뿔을 바로 잡으려다 소를 죽인다.
- 작은 일을 고치려다 큰일을 망친다.

◆ 학생의 작은 실수를 고치려다 되레 자신감을 꺾는 교각살우를 저질렀다.
◆ 도와주려다 피해를 끼치다니, 교각살우가 따로 없군!

옛날 중국에는 '흔종釁鍾'이라는 의식이 있었다고 해요. 중요한 장소에 걸릴 종을 만들 때 종이 깨지지 않고 좋은 소리를 낼 수 있게 해 달라고 지내는 제사죠. 이때 종에 동물의 피를 바른다고 해요. 그 동물이 바로 '소'입니다.

소는 우리 인간과 떼려야 뗄 수 없는 관계입니다. 소는 인간의 일을 도와주는 고마운 존재죠. 물건을 나르고, 살아 있을 때는 우유를, 죽어서는 고기뿐만 아니라 가죽까지도 제공합니다. '희생犧牲'이라는 한자어를 살펴보면 모두 '소 우牛' 자가 들어 있습니다. 제물로 소가 많이 쓰였다는 것을 이 단어로 알 수 있죠. 우리나라 또한 그렇습니다. 조선왕조실록 중 하나인《중종실록》에 따르면, 종묘 제사에 쓰려던 소가 종묘 문지방을 넘다 죽어서 난리가 났다는 기사가 실려 있어요. 실록에 적힐 만큼 소는 소중한 존재였어요.

흔종에 쓰이는 소는 나름대로 조건을 갖추어야 합니다. 일단 준수한 외모여야 해요. 털빛이 좋고, 양쪽 뿔도 반드시 하늘을 향해 곧게 뻗어 있어야 했고요. 그런 소는 당연히 비싸게 거래되었습니다. 이처럼 흔종은 소와 인간 사이가 얼마나 가까운지 보여 주는 의식이기도 한데요. 그렇다면 이와 관련된 고사 하나를 들여다봅시다.

어느 농부는 종루에 걸 새 종이 주조되어 흔종이 열리게 된다는 소식을 들었어요. 이 기회에 비싼 값에 소를 팔고 싶은 생각에 기르던 소를 요모조모 살펴봤지만 마음에 드는 구석이 없었어요. 털이 좋으면 뿔이 나쁘고, 뿔이 좋으면 털빛이 시원찮았어요. 그래서 농부는 털이 좋은데 뿔이 안 좋은 소를 골랐어요. 털을 윤기가 흐르게 하는 것보다 뿔을 고치는 것이 더 나을 것 같았거든요. 농부는 소뿔을 바로잡으려고 줄을 칭칭 동여맸어요. 그런데 아뿔싸, 소뿔이 곧게 펴지기는커녕 아예 빠져버리더니 그만 소가 죽어버렸어요.

낭패도 이런 낭패가 없죠. 소를 비싼 값에 팔려던 허황한 꿈이 산산조각 난 것은 그렇다 치더라도 손해가 이만저만이 아니었어요. 가만뒀으면 그 소는 적당한 값을 받고 팔 수 있었겠죠. 그런데 이젠 팔 수도 없는 지경이 되었잖아요. 이 상황은 인간의 욕심이 빚은 참사입니다. 멀쩡한 소가 농부의 욕심 때문에 죽었으니까요.

이 고사는 뿌리가 삐뚤어진 것 같은 하찮은 허물을 고치기보다 있는 그대로 두는 것이 오히려 더 이익이라는 교훈을 주네요. 아울러 인간의 욕심이 지나치면 이익이 아니라 되레 손해를 본다는 것도 깨닫게 하고요.

결초보은	結	草	報	恩
	맺을 결	풀 초	갚을 보	은혜 은

🔍
- 풀을 묶어서 은혜를 갚다.
- 죽어서도 은혜를 잊지 않고 갚다.

✏️
- 성공해서 꼭 친구에게 결초보은하겠어.
- 이제는 결초보은하려고 해도 친구는 이사를 갔으니 보답할 수 없군.

💡

'결초보은'을 직역하면 '풀을 묶어서 은혜를 갚다'입니다. 은혜를 갚는데 왜 풀을 묶을까요? '죽어서도' 은혜를 갚아야 할 이유는 또 무엇이죠? 그것을 알기 위해 중국 춘추시대 역사서인 《춘추좌씨전》에 등장하는 이야기를 살펴봅시다.

진나라에 위무자라는 사람이 있었어요. 그는 두 번째 부인 조희와 알콩달콩 잘살았어요. 슬하에 아이는 없었지요. 그런데 위무자가 그만 병이 들었어요. 좋은 일 뒤엔 안 좋은 일이 따라온다는 '호사다마好事多魔'라는 고사성어처럼 그의 병세는 점점 나빠져서 위독해졌어요. 위무자는 전처에게서 낳은 아들 위과를 불러 이렇게 유언해요.

내가 죽거든 이 사람을 나와 함께 묻어다오.

위과는 위무자가 죽어 장례를 치를 때 부인을 순장시키지 않았어요. 한술 더 떠 되레 다른 사람과 재혼하도록 했지요. 아버지의 유언을 실천하지 않았으니 위과는 불효자일까요? 하지만 이 이야기엔 반전이 숨어 있어요. 위무자가 정신이 맑을 때 위과에게 미리 해 둔 말이 있었다고 합니다.

내가 죽거든 이 사람을 반드시 개가(改嫁, 재혼)시켜라.

위과는 어떤 말을 따라야 했을까요? 아버지의 병이 위독할 때보다 정신이 맑을 때 한 말이 더 진심이겠죠? 그런데 결초보은의 '결' 자도 나오지 않았는데, 얘기가 여기서 끝나면 안 되겠죠. 아직 남은 이야기가 더 있답니다.

시간이 지나 진秦나라의 환공이 진晉나라를 칠 때 위과가 참전해요. 위과는 보씨라는 곳에서 전투했는데, 진秦나라의 두회를 사로잡는 공을 세우죠. 어떻게 된 일인지 살펴봅시다.

한 노인이 풀을 묶어 놓았는데, 두회가 그 풀 묶음에 걸려 넘어졌습니다. 위과는 넘어진 두회를 잡게 되지요. 그런데 그 노인과 위과가 무슨 관계일까요? 그날 밤 위과의 꿈에 그 노인이 나타나서 이렇게 말했답니다.

나는 그대가 살려 준 조희의 아비 되는 사람이오. 그대가 아버지 정신이 맑을 때 내린 명을 따랐기 때문에 내 딸이 살았으니, 내가 풀을 묶어서라도 그대의 은혜에 보답한 것이오.

이 고사에서 결초보은이라는 말이 나오게 되었습니다. 이처럼 사람은 살면서 누군가에게서 은혜를 입기 마련이에요. 결초보은 고사의 교훈은 항상 은혜를 생각하고 갚도록 노력해야 한다는 것이죠. 《명심보감》에 따르면, 착한 일을 한 사람은 하늘이 복으로써 갚아 주고, 나쁜 일을 한 사람은 화로써 갚아 준다고 했어요. 결초보은은 살면서 늘 마음속에 품고 살아야 할 중요한 덕목입니다.

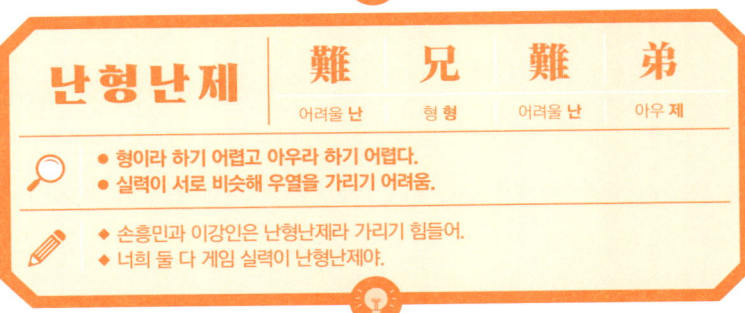

판단이 어려울 때는 어떻게 해야 할까

난형난제 難 兄 難 弟

難	兄	難	弟
어려울 난	형 형	어려울 난	아우 제

- 형이라 하기 어렵고 아우라 하기 어렵다.
- 실력이 서로 비슷해 우열을 가리기 어려움.

◆ 손흥민과 이강인은 난형난제라 가리기 힘들어.
◆ 너희 둘 다 게임 실력이 난형난제야.

송나라 유의경이 628명의 언행과 일화를 모아 쓴 《세설신어》에 따르면, '대들보 위의 군자'를 뜻하는 고사성어 '양상군자梁上君子' 고사의 주인공 진식에 관한 이야기가 나와요. 진식은 작은 고을의 수령이었지만 명망은 높았어요. 그는 당시 '환관 정치'에 저항하다 옥살이할 만큼 올곧은 선비였죠.

환관 정치는 내시라고 불리는 환관이 황제를 앞세우고 권력을 쥐락펴락하는 것을 말해요. 권력을 쥔 자가 있다면 이에 대항하는 세력이 나타나기 마련이죠. 환관 정치에 대항하던 사람들은 유교적인 소양을 가진 선비들인데, 이들은 스스로 '청류淸流'라 불렀어요. 진식도 이들 청류와 뜻을 같이했어요.

막강한 권력을 장악하던 환관들은 청류들을 가만두지 않았습니다. 이른바 '당고黨錮의 화禍'를 일으켜요. 환관 세력이 청류 다수를 금고에 처한 탄압 사건입니다. 뜻이 같은 사람들이 무리를 지어 권력의 뜻에 반대한다는 죄목으로 처형한 거예요. 폭력배보다 조직폭력배의 죄가 더 크듯 당시는 당을 짓는 것이 큰 죄였습니다.

죽음을 면한 진식은 고향으로 돌아와 손자들을 가르쳤습니다. 진식에게는 자신과 함께 '삼군자三君子'로 불리는 훌륭한 두 아들 진기(원방)와 진심(계방)이 있었어요. 진기와 진심이 어렸을 때, 진식은 손님을 맞이하느라 두 아들에게 밥을 지으라고 했습니다

두 아들은 어른들의 대화를 엿듣느라 밥이 죽이 되는 줄도 몰랐지요, 진식은 아들들에게 어쩌다 이렇게 되었는지 물었습니다. 아들들이 대화를 듣다가 그랬다고 하자 진식은 기억나는 말이 있느냐고 물었어요. 아들들이 조목조목 이야기하자 진식은 됐다며 죽이면 어떻겠냐고 했습니다.

진기와 진심은 이런 아버지를 둔 것을 자랑스러워했습니다. 물론 진기와 진심도 아버지의 소양을 보고 배웠기에 이들의 아들 또한 진기와 진심을 우러러보았죠.

그러던 어느 날 진기의 아들 진군과 진심의 아들 진충이 놀다가 공적과 덕행을 들면서 서로 자기 아버지가 낫다며 다투었어요. 두 사촌은 서로 자기 아버지가 잘났다고 우기면서도 도무지 물러설 기

색이 없었어요. 그래서 이들은 할아버지인 진식에게 묻기로 했습니다. 두 손자가 씩씩거리며 묻자 진식은 이렇게 답합니다.

원방을 형이라 하기 어렵고, 계방을 아우라 하기 어렵구나.

진식의 대답이 묘수였어요. 할아버지가 어느 한쪽이 낫다고 평가했었다면 아마 다른 손자는 크게 상처 받았을 거예요. 이처럼 난형난제는 실력이 비슷해 우위를 가리기 어려울 때 사용하는 고사성어입니다.

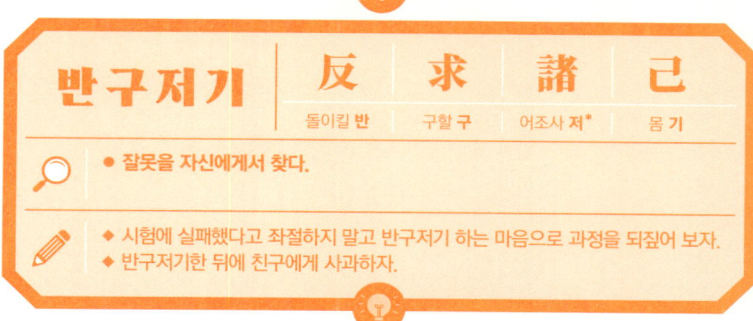

문제의 원인은 어디서 찾아야 할까

반구저기	反	求	諸	己
	돌이킬 반	구할 구	어조사 저*	몸 기

🔍 ● 잘못을 자신에게서 찾다.

✏️ ◆ 시험에 실패했다고 좌절하지 말고 반구저기 하는 마음으로 과정을 되짚어 보자.
◆ 반구저기한 뒤에 친구에게 사과하자.

'잘되면 내 탓, 못되면 조상 탓'이라는 속담이 있습니다. 겸손하지 못한 태도와 남 탓하는 세상 풍조를 풍자한 말이죠. 하지만 어떤 일이 일어났을 때 남을 탓하기에 앞서 우선 자기 자신부터 성찰한다면 얼굴 붉히지 않고 원만하게 해결할 수 있을 듯합니다.

그런 점에서 30여 년 전 천주교에서 벌였던 '내 탓이오 운동'은 남다른 의미가 있어요. 당시 이 운동의 반향은 엄청났어요. '내 탓이오'라는 문장이 적힌 스티커 40만 장이 순식간에 동났고, 그 스티커를 자동차 뒷유리에 붙인 사람들이 도로에 가득했지요. 이 운동이 이처

---

* 반구저기의 어조사 저 자를 모두 제 자로 읽어 반구제기로 읽어서는 안 된다. 여기서 어조사 저 자는 '之於'의 축약어로 쓰였기 때문에 '어조사 저'로 해석해 반구저기로 읽어야 맞는 표현이다.

럼 폭발적인 호응을 얻을 수 있었던 것은 고 김수환 추기경께서 앞장서서 스티커를 당신 차에 붙이면서였어요.

천주교의 미사 과정에서 참회 예식을 할 때는 '고백 기도'를 합니다. 신부가 "전능하신 하느님과"라고 운을 떼면, 신도들이 뒤따라 합송하는 방식으로 진행하는 기도지요. 여기서 가슴을 세 번 치며 "제 탓이오, 제 탓이오, 저의 탓이옵니다"라는 말을 한다고 합니다.

이 운동이 절실하게 필요했던 이유는 당시 우리 사회의 깊은 갈등 때문이었어요. 이념이나 지역, 노사 등 다양한 지점에서 엄청나게 심한 사회적 갈등이 발생했었습니다. 민주화 과정에서 으레 있을 수 있는 통과의례 같은 것일 수 있지만, 가만히 있으면 돌이킬 수 없는 상황이 올 수도 있다는 우려까지 나올 정도였어요. 내 탓이오 운동은 이러한 우려에서 시작한 의식 개혁 운동이었지요.

내 탓이오 운동과 비슷한 의미를 품은 고사성어로는 '반구저기'가 있습니다. 반구저기 고사는 하나라 이야기지요. 우임금이 중국 하나라를 다스릴 당시, 어느 지방의 제후였던 유호씨가 하나라에 쳐들어왔습니다. 우임금은 자신의 아들 백계에게 맞서 싸우라고 명령하죠. 아버지의 명을 받은 백계는 나가 싸웠으나 크게 졌습니다. 백계의 부하들은 도무지 패배를 인정하지 못해 다시 싸우자고 해요. 하지만 백계는 부하들의 요구에 응하지 않고 이렇게 말하죠.

나는 유호씨에 비해 병력이나 근거지가 적지 않거늘 결국 졌다. 이는 나의 덕행과 부하를 가르치는 방법이 그보다 못하기 때문이다. 나는 먼저 나 자신에게서 잘못을 찾아 고쳐 나가도록 하겠다.

백계의 말에서 '반구저기'라는 고사성어가 나왔어요. 이후의 이야기도 눈여겨봐야 합니다. 백계의 지략에 놀란 유호씨는 감복해서 침범 대신 귀순했다고 하죠. 이처럼 여러분도 반구저기한 태도로 지내면 어려운 상황에서도 이겨낼 길을 발견할 수 있을 것입니다.

《논어》에 "군자는 허물을 자신에게서 구하고, 소인은 남에게서 찾는다"라는 구절이 있고,《맹자》에도 "행해도 얻지 못한 사람은 자기 몸부터 구해야 한다"라는 구절이 있습니다. 이처럼 남을 탓하기에 앞서 자신부터 돌아보는 지혜를 기르면 언제든지 도움이 될 것입니다.

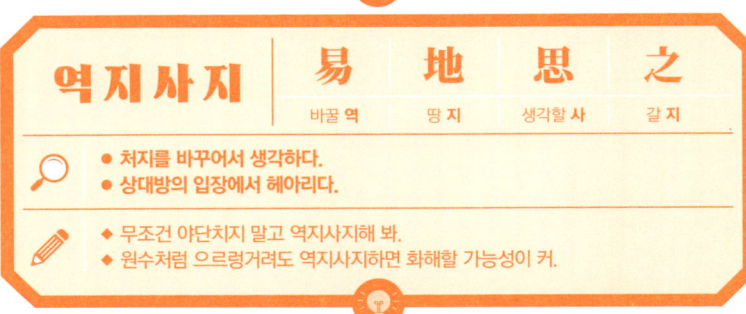

왜 악플을 쓰면 안 될까

역지사지 | 易 地 思 之
바꿀 **역**   땅 **지**   생각할 **사**   갈 **지**

- 처지를 바꾸어서 생각하다.
- 상대방의 입장에서 헤아리다.

◆ 무조건 야단치지 말고 역지사지해 봐.
◆ 원수처럼 으르렁거려도 역지사지하면 화해할 가능성이 커.

'무심코 던진 돌에 연못 속 개구리는 맞아 죽는다'라는 속담이 있습니다. 연못가에서 친구들과 물수제비 놀이를 한다고 가정해 보죠. 누가 더 많이 돌을 튀길지 내기하면서 즐거운 시간을 보낼 수 있을 거예요. 승부 근성이 워낙 강한 친구가 있다면 게임은 지칠 때까지 이어지기도 하겠죠.

물수제비를 하는 사람은 참 재미있을 것입니다. 반대로 연못에 사는 개구리는 정말 무서울 듯해요. 시도 때도 없이 머리 위로 몸보다 큰 돌이 날아다니면 사람 또한 두렵겠지요. 어쩌다 재수가 없으면 돌에 맞아 소리 없이 즉사할 테니까요

개구리가 돌에 맞아 죽듯, 장난삼아 던진 돌이 누군가의 목숨을

좌지우지한다는 사실은 의미심장합니다. 우리 사회의 가장 큰 문제인 '댓글' 또한 그렇습니다. SNS나 인터넷에서 누군가의 의견에 동의하거나, 격려하거나, 비판하려면 댓글을 달아야 합니다. 기본 취지는 '소통'이죠. 소통 수단인 댓글이 사회의 문제가 된 것은 익명성 뒤에 숨은 조롱과 혐오 때문입니다. 댓글 때문에 피해를 본 사람들은 한둘이 아니죠.

누구나 알겠지만, 댓글을 달 때 가장 먼저 '만약 댓글을 읽는 당사자가 나라면 어떨까'라는 생각을 해야 합니다. 타인의 입장을 생각한다면 모질거나 마음을 후벼파는 말 따위는 할 수가 없죠. 비난이 얼마나 아픈 비수일지 알 테니까요.

타인의 입장을 생각하는 태도를 고사성어로 '역지사지'라고 합니다. 《맹자》의 〈이루〉에서 비롯됐어요. '역지즉개연易地則皆然', '처지나 경우를 바꾼다 해도 하는 것이 서로 같다'라는 말인데, 여기서 '역지사지'라는 말이 생겨났지요.

'내 배부르니 남의 배고픔을 모른다'라는 우리 속담이 있잖아요. 내가 만족하면 남의 처지를 모른다는 뜻이죠. 남의 처지를 헤아릴 생각이 없으면 상대방을 존중하고 이해하려는 마음 또한 부족하기 마련입니다.

제자 자공에게 평생 간직할 말로 '용서할 서恕' 자를 꼽아주었던 공자는 "내가 원하지 않는 일은 다른 사람에게 강요하지도 말라"라고 했어요. 용서할 서 자는 상대의 처지를 헤아리는 글자라고 해요. '같을 여如' 자와 '마음 심心' 자를 합친 글자로, '마음이 같다'라는 의미지요. 상대방의 잘못을 너그럽게 봐주는 것이 용서인데, 용서 또한 마음이 통해야 가능한 일입니다.

  '제 논에 물 댄다'라는 의미의 '아전인수我田引水' 같은 이기심이 아닌 '역지사지'는 이타심을 기반으로 만들어진 말이에요. 이 시대에 곱씹으며 마음에 새겨야 할 말이라 생각합니다

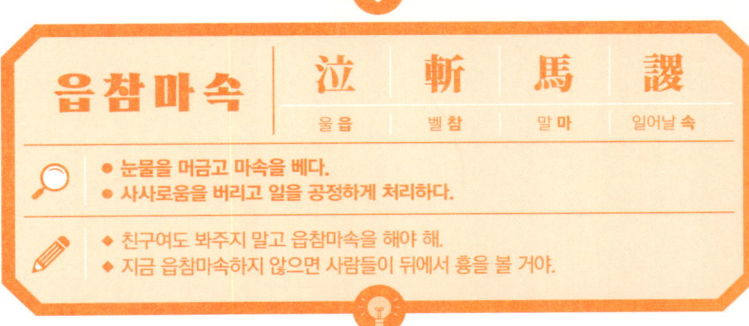

잘못을 저지른 친구를 봐줘도 될까

읍참마속	泣	斬	馬	謖
	울 읍	벨 참	말 마	일어날 속

🔍
- 눈물을 머금고 마속을 베다.
- 사사로움을 버리고 일을 공정하게 처리하다.

✏️
- 친구여도 봐주지 말고 읍참마속을 해야 해.
- 지금 읍참마속하지 않으면 사람들이 뒤에서 흉을 볼 거야.

정치하는 사람들은 '읍참마속'이라는 고사성어를 자주 씁니다. 읍참마속이란 '사사로움을 버리고 일을 공정하게 처리함'이라는 뜻이지요. 공적인 일을 하는 사람일수록 잘못은 단죄하고 모르쇠로 일관하지 않는 태도가 필요하기 때문입니다. 그러나 정치나 기업 혹은 주변에서도 리더가 측근의 잘못을 단죄하지 못하고 모르쇠로 일관하는 일은 비일비재합니다.

리더는 혼자의 힘으로 될 수는 없어요. 주변 참모들의 도움이 있어야 가능한 일이지요. 그런데 거의 모든 역사에 등장하는 이야기가 있어요. 참모 중 누군가는 큰 잘못을 저지른다는 것입니다. 참모가 리더의 권력을 자기 것으로 착각하고 여우가 호랑이처럼 위세를 부리듯 '호가호위狐假虎威'하기 마련이거든요.

이럴 때 리더는 잘못을 저지른 참모를 잘라야 하는데, 그러지 못해요. 몸과 마음을 다 바쳐 충성했던 사사로움 때문이지요. 하지만 이건 공과 사를 구분하지 못한 태도일뿐 아니라 공정하지도 않아요. 진정한 리더는 사적인 마음을 접어 두고 참모를 읍참마속 해야 해요. 읍참마속은 《삼국지》의 〈촉서구·마량전〉에서 유래한 말로, 중용했던 부하를 눈물을 머금고 참형에 처했다는 의미입니다. 그렇다면 어떤 일이 있었는지 함께 보시죠.

촉나라의 제갈량은 재주와 기량이 뛰어나고, 군사 이야기를 좋아하는 마속을 매우 아꼈어요. 마속은 제갈량의 절친 마량의 동생으로, 유비를 따라 촉나라로 들어와 여러 벼슬을 지냈습니다. 마속의 남다른 재능과 기량을 유심히 보았던 제갈량은 그를 인재로 여겼어요. 그런데 유비가 죽기 전에 제갈량을 불러 이렇게 당부합니다.

마속은 말이 실제보다 지나치니, 너무 아끼지 마시오.

제갈량은 유비의 말을 듣긴 했지만, 믿진 않았어요. 되려 마속을 옆에 두고 매일 함께 군사 전략을 논할 정도로 아꼈답니다. 남중이라는 지역을 정벌할 때는 마속이 제갈량을 배웅하며 말했어요.

군을 쓰는 도리는 마음을 다스리는 것이 최고입니다. 남쪽 사람들의 마음을 얻으셔야 합니다.

제갈량은 마속의 말을 받아들여 남중의 수장인 맹획을 일곱 번 사로잡고 일곱 번 풀어 주며 남중을 안정시켰습니다. 이 일로 제갈량은 마속의 혜안을 더욱 높게 평가하게 되었죠.

그러다 제갈량이 북벌을 단행하며 위나라의 기산으로 진군하게 됩니다. 많은 장수가 노장이었던 위연이나 오일을 선봉으로 세워야 한다고 했지만, 제갈량은 마속을 중용합니다. 그의 능력을 믿었기 때문이겠지요. 위나라 사마의와 일전을 벌이는 가정 전투에서 마속은 중요한 역할을 맡습니다.

제갈량은 마속에게 산기슭에 진을 쳐 보급로를 지키라고 명령했지만, 마속은 적을 유인해 역공하겠다며 명령을 어기고 산꼭대기에 진을 쳤어요. 사마의의 병력은 마속의 생각대로 움직이지 않았죠. 결국 산꼭대기에서 적군을 기다렸던 군사들은 적군이 산을 포위하자 식량과 물 같은 보급이 끊겨 전의를 잃고 크게 집니다. 이로써 제갈량의 북벌은 실패해요.

제갈량은 아무리 아까운 장수라 해도 사사로운 정에 이끌려 군율을 어기는 것은 마속이 지은 죄보다 더 크다며, 눈물을 머금고 마속의 목을 벱니다. 마속이 죽기 전 제갈량에게 남긴 글은 군중들을 눈물 흘리게 했지요. 심지어 제갈량은 직접 제사를 지내며 남은 마속의 가족까지 평생 보살폈습니다.

승상께서는 저를 아들처럼 아껴 주셨습니다. 제가 죽더라도 그 은정을 잊지 말아 주십시오.

후에 장완은 제갈량에게 "지혜로운 인재를 잃은 것이 안타깝습니다"라고 했습니다. 제갈량은 "법을 어지럽히면 군이 무너지고, 공과 의리보다 법이 먼저여야 나라를 다스릴 수 있소"라고 했어요. 공과 사를 구분하는 자세가 서릿발 같네요. 제갈량의 단죄는 지금을 살아가는 우리 모두가 배워야 할 자세입니다.

4장

위기를 기회로
바꾸는 방법

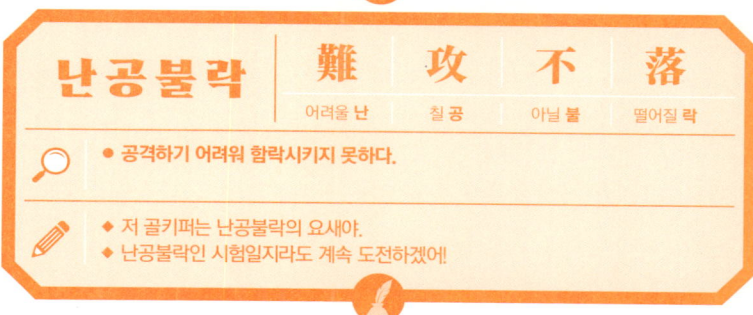

병력이 적으면 질 수밖에 없을까

난공불락	難	攻	不	落
	어려울 **난**	칠 **공**	아닐 **불**	떨어질 **락**

🔍 ● 공격하기 어려워 함락시키지 못하다.

✏️ ◆ 저 골키퍼는 난공불락의 요새야.
◆ 난공불락인 시험일지라도 계속 도전하겠어!

스리랑카에는 '시기리야Sigiriya'라는 바위가 있습니다. 밀림 한가운데에 우뚝 솟은 모습은 영락없이 요새였지요. 높이가 200미터나 되는 시기리야는 수직으로 서 있어 '5세기의 공중 도시'라고도 불립니다.

이 바위를 보면 자연스럽게 '난공불락'이라는 고사성어가 떠올라요. 요새는 방어를 위한 공간이죠. 그렇다면 난공불락은 무슨 말일까요? 난공불락을 알기 위해서는 《삼국지》에 나오는 제갈량과 학소가 벌인 진창성陳倉省 공방전 이야기를 먼저 보아야 합니다.

촉한을 이끈 명재상 제갈량은 위나라를 정벌하기 위해 '출사표出師表'를 황제에게 올립니다. '출병하는 마음을 담은 글'이란 의미의 출사표는 제갈량을 상징하는 것이지요. 얼마나 절절했는지 출사표를 읽고 울지 않은 사람이 없다고 해요.

출사표를 올린 제갈량은 10만 병력을 이끌고 학소가 있는 진창성으로 향했어요. 사마의의 추천으로 중용된 위나라 장수 학소는 이때 진서장군으로 진창의 수비를 담당하고 있었습니다. 진창은 교통의 요충지로 위나라를 정벌하려면 반드시 손아귀에 넣어야 하는 곳이에요. 더욱이 제갈량은 1차 북벌에 실패했기에 2차 북벌을 해내기 위해서는 진창부터 점령해야 했죠. 하지만 누군지도 모르는 학소가 지키고 있는 데다 군사가 고작 3000명뿐이라는 정보를 입수한 제갈량은 입가에 미소를 띠었죠. 누가 보더라도 이 싸움은 하나 마나 한 것이잖아요. 병력 수가 서른 배나 넘게 차이가 나요. 과거의 전쟁은 무기보다 병력수가 더 큰 변수였습니다.

그런데 결과는 예상과 달랐습니다. 여러 차례 공격을 받았던 학소는 꿋꿋하게 버텨냅니다. 20여 일을 버티자 위나라 구원병이 오면서 제갈량은 후퇴할 수밖에 없었죠. 혀를 내두르며 후퇴하던 제갈량이 이렇게 말해요.

학소가 지키는 진창성은 난공불락이다.

하지만 학소는 제갈량의 3차 정벌 전에 병에 걸려 죽어 다시 맞서지 못하게 되었습니다.

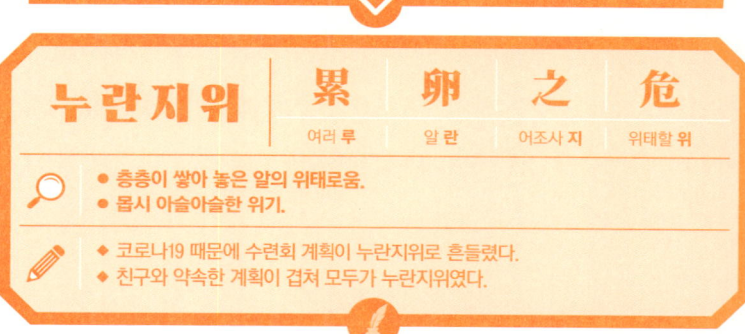

위태로운 상황을 어떻게 해결할 수 있을까

누란지위 | 累 卵 之 危
여러 루   알 란   어조사 지   위태할 위

🔍
- 층층이 쌓아 놓은 알의 위태로움.
- 몹시 아슬아슬한 위기.

✏️
- 코로나19 때문에 수련회 계획이 누란지위로 흔들렸다.
- 친구와 약속한 계획이 겹쳐 모두가 누란지위였다.

《사기》에는 전국시대 위나라의 중대부 수가가 사신 역할로 제나라에 가는 이야기가 있습니다. 중대부 수가는 부하인 범저를 포함한 여러 사람과 떠났지요. 범저는 유명한 책사였어요. 책사는 요즘 말로 하면 '참모'인데, 당시에는 제후를 위해 언설로 유세하는 사람이었습니다. 누군가에게 도움을 주려면 지혜와 능력이 뛰어나야겠지요.

 범저는 몇 달을 제나라에 머무르며 협상을 벌이지만 별 성과가 없었어요. 이때 제나라 양왕은 범저가 괜찮은 사람이라는 말을 듣고 그에게 금 열 근과 술 그리고 고기를 내렸어요. 범저가 대접을 받자 수가는 범저가 제나라의 첩자 노릇을 하며 보상으로 선물을 받았다고 생각했어요. 그래서 수가는 범저더러 황금을 돌려주고 고기와 술만 받으라고 해요.

협상이 끝난 뒤, 수가는 위나라로 돌아가자마자 재상인 위제에게 범저가 제나라와 내통하고 있다며 모함을 합니다. 당연히 범저는 붙잡히게 되었지요. 갈비뼈와 치아가 부러질 정도로 고문도 당했어요. 수가는 그러고도 분이 풀리지 않았는지 범저를 자리에 말아서 화장실에 버려요. 술에 취한 사람들이 범저에게 소변을 누었지요. 수가가 이런 만행을 저지른 것은 아마도 자기보다 인기가 많은 범저를 질투했기 때문일 듯합니다.

하지만 범저는 수완이 장난이 아닌 책사잖아요. 감옥을 지키는 간수를 설득해서 탈옥하고는 이름을 장록이라고 바꿔요. 그러다 진나라 사신 왕계의 도움으로 진나라로 망명하죠. 왕계는 소왕에게 장록을 추천하면서 이렇게 말해요.

위나라에 장록이라는 사람이 있는데, 천하의 유명한 유세가입니다. 그가 말하길, "진왕의 나라는 위태하기가 달걀을 쌓아 놓은 것과 같습니다. 저를 임용하면 안전할 것입니다. 그러나 그런 것들은 글로써 전달할 수 없습니다"라고 하므로, 제가 그를 데리고 왔습니다.

이렇게 해서 진 소양왕은 마지못해 장록을 말석에 앉혀요. 장록은 결국 먼 나라와 친교를 맺고 가까운 나라를 공략하는 외교 정책인 '원교근공책遠交近攻策'으로 큰 공을 세우게 됩니다.

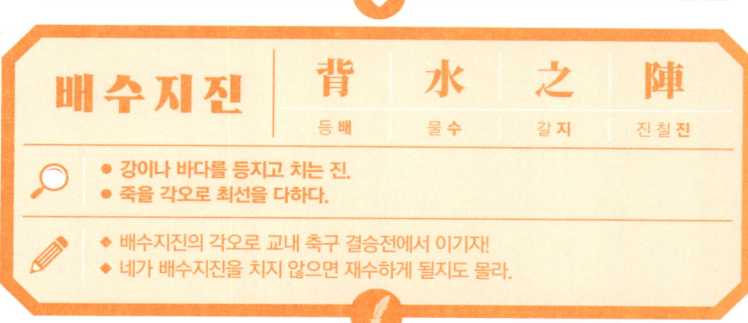

배수지진	背	水	之	陣
	등 배	물 수	갈 지	진칠 진

🔍 ● 강이나 바다를 등지고 치는 진.
　 ● 죽을 각오로 최선을 다하다.

✏️ ◆ 배수지진의 각오로 교내 축구 결승전에서 이기자!
　 ◆ 네가 배수지진을 치지 않으면 재수하게 될지도 몰라.

이순신 장군은 임진왜란 때 백의종군 후 거의 궤멸한 수군을 이끌고 왜군과 맞서 싸워 성공적으로 대승을 이루어 냈습니다. 이순신 장군은 임금에게 보고서인 '장계狀啓'를 올리며 "아직 신에게는 열두 척의 배가 남아 있사옵니다"라는 말을 남겼죠. 훗날 이 말은 천만 명 이상의 관객이 본 영화 〈명량〉에도 나오면서 국민 유행어가 됐습니다. 여기서 이순신 장군이 언급한 '배 열두 척'과 관련된 고사성어가 있다는 것을 아시나요? 정확히는 왜적과 맞서 싸운 군사들의 기개와 관련이 있지요. 열두 척의 배로 용감하게 맞서 싸운 전쟁 '명량해전'을 주목해 봅시다.

　명량해전은 이순신 장군이 더 이상 물러설 수 없는 최후의 결전이었습니다. 결전에 나서는 각오를 표현할 때 '배수의 진을 친다'라는 표현을 쓰곤 하지요. 그렇다면 '배수의 진'은 어디서 나온 말일까요? 바로 《사기》의 〈회음후열전〉에 등장해요. 어떤 일이 있었는지 함께 봅시다.

한나라를 세운 고조 유방이 황제가 되기 2년 전 일이었어요. 명장 한신은 유방의 명령으로 위나라를 치고 조나라로 쳐들어갔어요. 조나라는 당연히 한신의 군대를 방어할 전략을 짰습니다. 조나라는 조나라로 들어오는 좁은 길목에 성채를 구축해서 방어선을 만들었어요.

길목을 마주한 한신의 군대는 그곳을 잽싸게 통과하는 듯하다가 출구 앞에서 가던 길을 멈추었어요. 그러고는 물을 등지고 진지를 잡았습니다. 모두 의아했지만 천하의 명장으로 불리는 한신이었기에 가만히 있었어요. 아니나 다를까 한신은 첩자를 통해 미리 받은 정보가 있었습니다. 게다가 조나라 군대가 좁은 길목에서 기다리다가 한신 군대를 공격할 것은 누구나 짐작할 수 있었어요. 그래서 한신은 여기에 맞는 전략을 짜고 멈춘 것입니다. 한신은 조나라 성채 뒷산에 군사를 매복시키면서 이렇게 명령을 내려요.

내일 싸움에서 본대는 거짓으로 물러나는 척할 것이다. 그때 적이 비운 성채를 점령한 후 한나라 깃발을 세워라!

당연하게도 싸움은 한신이 이겼습니다. 원래 산을 등지고 물을 앞에 두는 것이 정상적인 병법인데, 반대로 한신은 물을 등지고 진을 쳐서 이겼어요. 이는 더 이상 물러날 수 없을 정도의 절박함이 승부수로 작용한 셈입니다. 절박함이 곧 배수진이네요. 이처럼 이순신 장군의 열두 척의 배 또한 절박함으로 맞서 싸워 이겨낸 값진 승리입니다. 여러분도 목표를 이루기 위해 노력할 때 배수지진을 떠올리며 포기하지 않길 바랍니다.

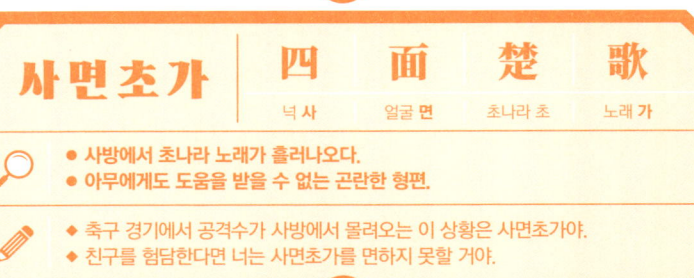

사면초가	四	面	楚	歌
	넉 사	얼굴 면	초나라 초	노래 가

● 사방에서 초나라 노래가 흘러나오다.
● 아무에게도 도움을 받을 수 없는 곤란한 형편.

◆ 축구 경기에서 공격수가 사방에서 몰려오는 이 상황은 사면초가야.
◆ 친구를 험담한다면 너는 사면초가를 면하지 못할 거야.

'뜨거운 감자'라는 표현이 있습니다. 외국에서 쓰는 용어인 'hot potato'를 우리말로 직역해서 쓰는 표현이지요. 이러지도 저러지도 못하는 상황을 뜻합니다. 입에 아주 뜨거운 감자를 넣으면 먹지도 뱉지도 못하게 되는 모습을 비유적으로 일컫은 것이죠. 요즘에는 '쟁점'을 뜻하는 말로도 쓰입니다.

우리 사회의 뜨거운 감자 중 여러분과 연관된 문제로, 지금은 보류된 '의대 정원 문제'가 있습니다. 정부에서 의과대학 입학 정원을 2000명 정도로 늘리겠다고 발표하자 의대생과 전공의 등 의사 관련 단체에서는 강력하게 반대했어요. 급기야 의료 공백이 1년 넘게 발생하며 정책은 위기에 빠졌습니다. 이처럼 위기에 빠진 상황을 고사성어로 '사면초가'라고 부릅니다. '사방에서 초나라 노래가 흘러나온 다'라는 사면초가는 《사기》의 〈항우본기〉에서 유래했어요.

초나라 항우와 한나라 유방이 천하를 두고 다툴 때였어요. 항우는 전세가 유리해진 유방에 대항하다 마지막 운명의 순간을 맞이하게 됩니다. 신임이 두터운 동료마저 곁을 떠난 상황이었어요. 그런데 항우는 한나라와 강화(휴전 협정)를 맺고 동쪽으로 가다가 해하라는 곳에서 한나라 명장 한신에게 포위를 당합니다. 항우는 도무지 빠져나갈 길을 찾지 못했어요. 병사와 군량미도 점점 바닥을 보이는 상황이었는데 이상하게도 초나라의 기세는 여전히 좋았습니다.

그러던 어느 날, 항우가 머물던 곳의 사방에서 초나라 노랫소리가 울려 퍼졌어요. 한나라가 항복한 초나라 병사들에게 고향 노래를 부르게 한 거예요. 그 가락이 너무도 구슬프고 처량했지요. 이를 듣는 포위된 초나라 병사들의 심정이 어떠했겠어요. 고향 생각에 싸울 의욕마저 꺾이게 됩니다. 그러면서 초나라 병사들이 하나둘 탈영하기 시작했고, 그 규모가 삽시간에 늘어났어요.

이렇게 전세가 오도 가도 못하는 상황에 이르자 항우는 "한나라가 이미 초나라를 점령했다는 건가, 어째서 초나라 노래를 부를 줄 아는 사람이 이토록 많은가!"라고 비통해하며 진중에서 마지막 주연을 열어요. 주연이란 술을 마시며 즐겁게 노는 잔치입니다. 벼랑 끝에서 벌이는 잔치는 즐겁기보다는 구슬프지요.

여기서 항우는 그 유명한 〈해하가〉를 부릅니다. 해하가는 "힘은 산을 뽑고 기개는 세상을 덮었도다"라는 가사로 시작해요. 초나라 항우는 자신의 운명을 한탄하고는 결국 오강에서 자결합니다. 이토록 곤란한 상황에서 사면초가가 탄생합니다.

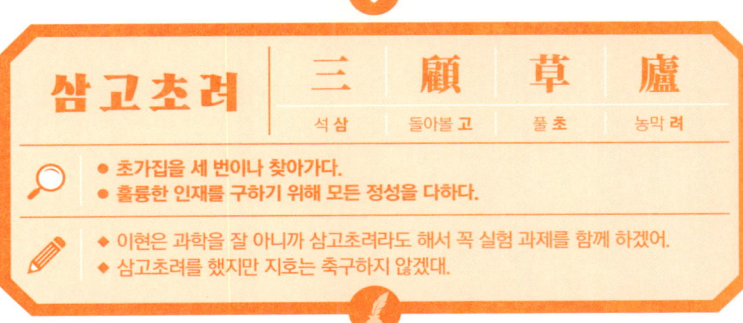

설득은 어떻게 해야 할까

삼고초려	三	顧	草	廬
	석 삼	돌아볼 고	풀 초	농막 려

- 초가집을 세 번이나 찾아가다.
- 훌륭한 인재를 구하기 위해 모든 정성을 다하다.

◆ 이현은 과학을 잘 아니까 삼고초려라도 해서 꼭 실험 과제를 함께 하겠어.
◆ 삼고초려를 했지만 지호는 축구하지 않겠대.

대통령 선거나 총선 혹은 학생회장 선거 같은 선거는 정말 중요합니다. 사람 하나 잘못 뽑으면 나라든 학교든 엉망이 되기 때문이지요. 후보자들은 자신의 당선을 위해 주변에 도움이 되는 사람들을 배치합니다. 그러나 아무리 마음에 드는 사람이라 할지라도 자신을 돕지 않는 경우도 있잖아요? 정치권에서는 그런 일들이 비일비재해요. 그래서 이런 선거 시기마다 미디어에서 으레 말하는 단골 고사성어가 있습니다. '초가집으로 세 번 찾아간다'라는 뜻인 '삼고초려'입니다. 왜 초가집에 세 번이나 찾아갈까요? 바로 초가집에 사는 인재를 영입하기 위해서죠. 이 고사성어를 풀이하자면 '훌륭한 인물을 구하기 위해 모든 정성을 다하다'라는 의미라고 할 수 있습니다.

삼고초려 고사에는 앞에서 본 도원결의 고사에 등장한 '유비'가 주인공으로 등장해요. 《삼국지》에서 유비는 천하를 제패하기 위해 인재를 모으고 있었어요. 천하 제패는 훌륭한 참모들과 지혜를 짜내야만 할 수 있는 일이지요. 그러던 중 어느 날 측근인 서서가 유비더러 융중에 사는 '제갈량'이라는 천하제일의 선비를 왜 쓰지 않느냐고 물어요. 유비는 서서더러 데려오라고 하자 서서가 이렇게 말해요.

가서 만날 수는 있어도 오게 할 수는 없습니다. 장군께서 몸을 낮추고 방문해야 합니다.

유비는 제갈량이 산다는 초가집으로 찾아가요. 처음엔 제갈량이 집에 없어서 만나지 못했죠. 며칠 후 출타했던 제갈량이 집에 돌아왔다는 전갈을 받고 유비는 다시 찾아갑니다. 칼바람이 살을 에는 듯 몹시 추운 겨울이었어요. 하지만 유비는 두 번째 방문에서도 제갈량을 만나지 못했어요. 포기하지 않은 유비는 세 번째 방문에서 오히려 더 몸을 한껏 낮추는 자세를 보여요. 제갈량의 초가집에서 반 리나 떨어진 데서부터 말에서 내려 걸어갔죠. 이번에는 제갈량이 유비를 만나 주고, 유비의 초빙을 수락해요. 훗날 제갈량은 시 〈출사표〉에서 그 일을 밝혀요.

무려 세 번씩이나 몸을 낮추어 몸소 초가집을 찾아와 자문하니, 감격

해서 선황제(유비)를 위해 몸을 아끼지 않으리라 결심하고 그 뜻에 응했습니다.

제갈량은 재능과 지혜, 마음을 다해 유비를 위해 힘을 보탰고, 그 결과 유비는 천하를 제패하죠. 바로 역사에서 말하는 한나라의 천하 통일은 유비의 삼고초려 덕분에 이루어진 일이었습니다.

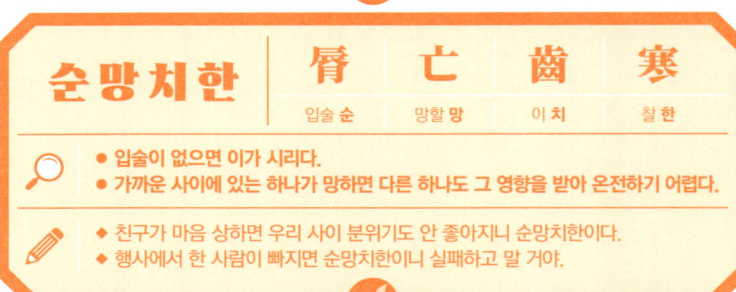

협력은 왜 중요할까

순망치한 脣亡齒寒

脣 입술 순   亡 망할 망   齒 이 치   寒 찰 한

🔍
● 입술이 없으면 이가 시리다.
● 가까운 사이에 있는 하나가 망하면 다른 하나도 그 영향을 받아 온전하기 어렵다.

✏️
◆ 친구가 마음 상하면 우리 사이 분위기도 안 좋아지니 순망치한이다.
◆ 행사에서 한 사람이 빠지면 순망치한이니 실패하고 말 거야.

2019년 여름에 우리나라에서 발생한 '노 재팬' 캠페인은 일본 상품에 대한 불매 운동입니다. 한국 대법원이 대일항쟁기 때 일본 기업이 강제로 징집한 우리 노동자에게 배상하라는 판결을 했었는데요. 일본은 이에 대해 적반하장으로 주요 부품 수출 중단을 선언하며 경제적으로 보복합니다. 일본은 '한국에 대한 보복이 아닌, 기존 수출 구조 재정비에 따른 조정일 뿐'이라며 반박했지만 이는 당시 총리였던 고 아베 신조의 회고록에서 한국 보복용임을 인정하며 사실이 아닌 것으로 드러났습니다. 이에 우리 국민은 자발적으로 일본 제품을 불매하기 시작했어요.

일본의 보복에서 핵심은 우리나라의 반도체 생산에 차질을 빚게

해 대법원의 판결을 철회하도록 하려는 것이었어요. 반도체 부품 중 일부는 일본에서 들여왔기 때문입니다. 일본은 소재나 부품 그리고 장비 분야에서 강국이었어요. 우리의 완제품과 일본의 부품 사이의 상호 관계는 매우 가까웠지요. 하지만 우리 기업은 노력해서 부품의 상당 부분을 국산화하며 어려움을 극복했습니다. 그러자 일본 기업들은 아우성을 쳤어요. 자기네 수출길이 막혔거든요.

이런 상황을 '순망치한'이란 고사성어로 표현할 수 있습니다. 직역하면 '입술이 없으면 이가 시리다'지요. 보다시피 입술과 이는 아주 밀접한 관계잖아요. 만약 입술이 없다면 이가 온전할까요? 이가 없다면 입술은 제 모습을 갖출 수 있을까요? 그럴 수 없겠죠. 그렇다면 순망치한은 무엇인지 함께 봅시다. 순망치한은 중국 춘추시대 지배층의 실상을 보여 주는 기록물인 《춘추좌전》에서 유래했어요.

춘추시대 진나라 헌공은 이웃 나라 괵이 자주 침범하자 화가 나서 아예 없애버리려고 했어요. 그래서 헌공은 우나라 더러 길을 빌려 달라고 부탁해요. 우는 괵과 진 사이에 있는 나라였거든요.

물론 말과 보옥 같은 것을 주며 부탁했습니다. 우왕은 물질에 눈이 멀어 승낙하려고 하자 궁지기가 나서서 이렇게 말해요.

괵은 우리의 담장과 같습니다. 괵이 망하면 우리도 함께 망할 것입니다. 남을 치는 군대를 돕는 것은 좋지 못한 일입니다. 덧방나무와 바

퀴는 서로 의지하며, 입술이 없으면 이가 시린 법이니, 우리와 곽이 이
와 같습니다.

하지만 우나라 왕은 끝내 진상품의 유혹을 떨쳐내지 못했고, 진나
라는 곽을 멸망시켰어요. 하지만 여기서 끝이 아니었죠. 진나라는 곽
을 치고 오던 길에 우나라마저 쳐서 멸망시켜요.

여기서 '덧방나무(바큇살의 힘을 돕는 나무)와 바퀴가 의지'하듯 '서
로 도와 의지하는 깊은 관계'를 이르는 '보거상의輔車相依'와 '순망치
한'의 고사성어가 탄생했지요.

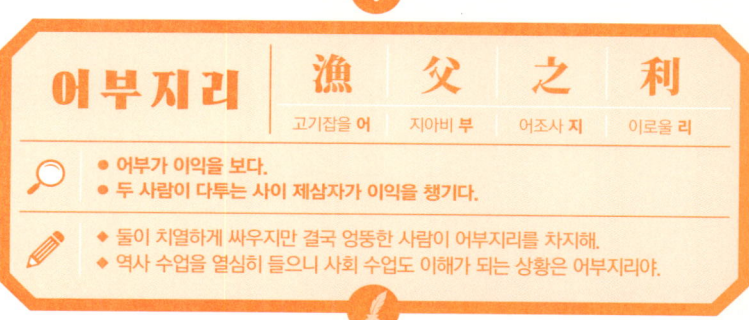

현명하게 기회를 잡는 방법은 무엇일까

어부지리	漁	父	之	利
	고기잡을 **어**	지아비 **부**	어조사 **지**	이로울 **리**

🔍
- 어부가 이익을 보다.
- 두 사람이 다투는 사이 제삼자가 이익을 챙기다.

✏️
- 둘이 치열하게 싸우지만 결국 엉뚱한 사람이 어부지리를 차지해.
- 역사 수업을 열심히 들으니 사회 수업도 이해가 되는 상황은 어부지리야.

우리나라 반도체의 기술력은 세계 최고 수준입니다. 21세기인 현재, 세계 1위 자리를 두고 여러 나라와 경쟁하고 있지요. 20세기 후반에는 일본의 기술력이 세계 최고였습니다. 그런데 패권 국가인 미국은 이를 가만히 두고 보진 않았죠. 1980년대 중반 이후로도 일본 반도체 산업이 강세를 보이자 미국 반도체 산업은 큰 위기를 겪게 됩니다. 결국 미국은 일본에 대한 통상 압박을 준비했어요. 미국은 일본의 반도체 산업에 대해 온갖 규제를 들이대며 문제를 삼았고, 결국 두 나라는 세 차례에 걸쳐 '미일 반도체 협정'을 맺어요.

세상 이치는 두 나라의 싸움을 강 건너 불구경하듯 하지 않아요. 누군가는 기회를 엿봅니다. 그 주인공은 우리나라였어요. 한국은 이

사건으로 많은 이익을 봅니다. 삼성전자 등 한국 기업들은 기회를 놓치지 않고 기술 발전을 거듭해 메모리 반도체 업계의 정상에 오르게 되었어요.

2020년대에 들어서 세계 반도체 시장은 조금씩 달라지기 시작했습니다. 급속도로 발전한 중국과 패권 국가 미국이 맞붙었어요. 미국은 여러 국가에 안보를 이유로 중국에게 반도체 장비를 팔지 말라고 했습니다. 그 타격은 고스란히 반도체 강국인 우리나라가 받았어요. 그러자 이 형세를 지켜보던 일본은 한 자리를 차지하기 위해 세계 반도체 기업을 일본으로 마구 끌어들이고 있습니다.

이처럼 어디선가 벌어지는 일로 우연히 이득을 보는 상황은 비단 반도체뿐만이 아닙니다. 일상에서도 비슷한 일들이 벌어질 수 있지요. 이런 상황을 고사성어로 표현하면 '어부지리', '고기를 잡는 사람의 이익'이라는 뜻입니다. 어부지리는 《전국책》에 나오는 고사에서 비롯됐어요.

조나라 혜문왕은 연나라를 치려 했어요. 연나라는 많은 병력을 제나라로 파병한 데다 기근이 들어, 이를 절호의 기회로 본 것이지요. 이에 맞설 능력이 없던 연나라는 합종책을 펴던 소진의 동생 소대에게 혜문왕을 설득해달라고 부탁해요. 혜문왕을 만난 소대는 입을 열었어요.

역수(연나라, 조나라의 국경)를 지나다가 문득 강변을 보니 조개가 입을 벌리고 햇볕을 쬐고 있었습니다. 이때, 갑자기 도요새가 날아와 뾰족한 부리로 조갯살을 쪼았습니다. 깜짝 놀란 조개는 화가 나서 입을 굳게 닫고 부리를 놓아주지 않았어요. 다급해진 도요새가 '이대로 오늘도 내일도 비가 오지 않으면 너는 말라 죽을 것이니 어서 놓아라'라고 하자, 조개도 지지 않고 '내가 오늘도 내일도 놓아주지 않으면 너야말로 굶어 죽을 것이니 어서 포기하지' 하고 맞받아쳤습니다. 이렇게 쌍방이 한 치의 양보도 없이 팽팽히 맞서 옥신각신하는 사이에 이곳을 지나가던 어부에게 그만 둘 다 잡혀 버리고 말았사옵니다.

이 말에 설득당한 혜문왕은 결국 연나라를 치려던 계획을 거둬들였답니다. 혜문왕은 조나라 주변에 있던 진나라를 떠올렸기 때문입니다. 조나라와 연나라가 싸우면 결국 이익은 진나라가 볼 것이 뻔했거든요. 싸움은 조개와 도요새가 하고 있었는데, 정작 이득은 어부가 보았던 것처럼 말입니다.

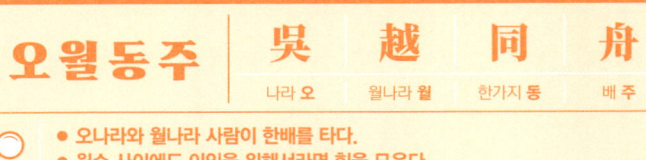

원수도 친구가 될 수 있을까

오월동주 | 吳 越 同 舟

나라 **오** | 월나라 **월** | 한가지 **동** | 배 **주**

- 오나라와 월나라 사람이 한배를 타다.
- 원수 사이에도 이익을 위해서라면 힘을 모은다.

✏️
- 서로 다투던 친구들이 팀 프로젝트를 하면서 오월동주가 됐다.
- 경쟁하던 두 학교가 환경 캠페인에서는 오월동주로 힘을 합쳤다.

'어제의 적이 오늘의 동료가 된다'라는 말이 있어요. 상대와의 관계는 고정되어 있지 않으며, 상황이나 목적에 따라 적이 동료가 될 수 있다는 말입니다. 어떤 이익을 두고 혼자서는 얻을 수 없지만 이익을 조금 나눌지라도 원수와 힘을 합쳐 실현할 수 있다면 적도 기꺼이 동료로 맞이한다는 의미지요. 이 행위는 도덕적 평가 같은 것들은 차치하고 오로지 이익만을 전제해 둔다는 점에서 인상 깊습니다.

적을 동료로 맞이하는 것은 정치나 기업에서만 벌어지는 일은 아닙니다. 개인 사이에서도 빈번하게 발생하지요. 가끔 주변에 도무지 화해할 기미가 보이지 않던 관계인 사람들도 어느 날 둘이 손잡고 "우리 함께 하기로 했어요"라고 말하며 함께하곤 하잖아요. 이처럼 원수 사이에도 힘을 합치는 이유는 대부분 이득이 있기 때문입니다. 적이었던 사이에서 동료가 된 사람들을 보면 관계가 얼마나 지속될 지 궁금하기도 하지요.

이런 상황을 두고 고사성어로 '오월동주'라고 합니다. 직역하면 '오나라와 월나라가 한배를 탄다'라는 뜻입니다.

《손자병법》하면 흔히 "나를 알고 적을 알면, 백 번 싸워도 위태로 움이 없다"라는 '지피지기 백전불태知彼知己 百戰不殆'를 떠올리죠. 이 말이 나오는 책의 〈구지〉에는 오월동주 고사도 함께 등장합니다.

책에서는 솔연 같은 장수를 명장이라고 부릅니다. 솔연이란 회계 라는 지역의 상산에 사는 큰 뱀인데요. 손자는 이 뱀을 보고 이렇게 말합니다.

이 뱀은 머리를 치면 꼬리가 날아오고, 꼬리를 치면 머리가 덤벼들며, 허리를 치면 머리와 꼬리가 함께 덤빈다.

손자는 이 이야기를 들며 군대가 한 몸처럼 움직여야 한다는 교 훈을 언급합니다. 이어 그는 오나라와 월나라 이야기도 함께 해요. 오나라와 월나라는 서로 원수입니다. 서로가 미워 틈만 나면 전쟁 을 벌였죠. 어느 다른 나라로 향하기 위해 오나라와 월나라 사람이 동시에 한 배를 타도 서로 한쪽 끝에 앉아 눈길 조차 주지 않았다고 합니다. 그런데 두 나라 사람이 탄 배가 큰 폭풍을 만나면 왼손과 오른손이 협력하듯 힘을 합친다고 해요. 다 죽을 수도 있기 때문이지요. 원수라는 말이 무색하게도 눈앞에 죽음이 닥치자 살기 위해 힘을 합칩니다.

결국 이익이나 생존 앞에서는 원수라는 말이 무색해집니다. 손자는 이를 통해, 공동의 위기 앞에서는 적이라도 협력하게 된다는 사실을 보여 줍니다. 고난을 극복하기 위해 협력하는 건 분명 미덕이지만, 그 속을 들여다보면 조금 씁쓸하기도 합니다. 결국 '살기 위해서만 손잡는 관계'니까요.

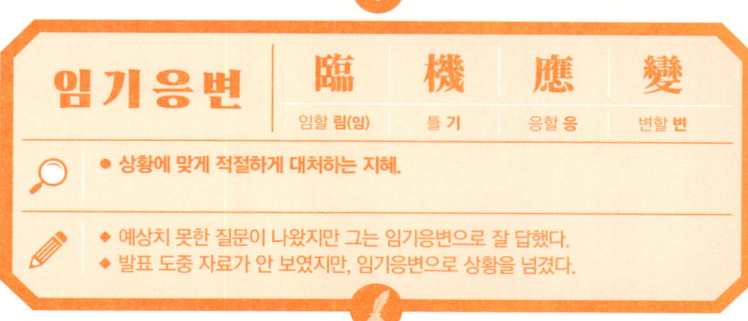

손초는 왜 돌로 양치질을 한다고 했을까

임기응변	臨	機	應	變
	임할 림(임)	틀 기	응할 응	변할 변

🔍 ● 상황에 맞게 적절하게 대처하는 지혜.

✏️ ◆ 예상치 못한 질문이 나왔지만 그는 임기응변으로 잘 답했다.
◆ 발표 도중 자료가 안 보였지만, 임기응변으로 상황을 넘겼다.

알베르트 아인슈타인은 '상대성 이론'을 정립한 유명한 과학자입니다. 아인슈타인은 너무 많은 강연을 한 탓에 쉴 틈 없이 바빴어요. 어느 날 차를 타고 가던 아인슈타인이 너무 피곤해 졸자, 운전기사가 안쓰러운 나머지 아인슈타인에게 "너무 피곤해 보이니 제가 대신 강연을 하겠다"라고 했습니다. 아인슈타인이 강연하는 동안 운전기사는 상대성 이론을 수십 번 들었던 터라 거의 외우다시피 했으므로 문제가 없을 것이라고 했지요. 이에 아인슈타인이 흔쾌히 동의하자 운전기사가 아인슈타인의 옷을 입고 단상에 섰어요. 얼굴도 많이 닮았던지라 청중들은 알아보지 못했어요. 운전기사의 강의는 성공적이었는데 문제가 생겼어요. 청중이 질문을 한 것이죠.

단상 아래에서 운전기사 옷을 입고 구경하던 아인슈타인의 가슴은 철렁했어요. 그런데 운전기사는 조금도 당황하지 않고 "이 정도의 질문은 내 운전기사도 답할 수 있다"라며 단상 아래에 있는 아인슈타인을 단상으로 불렀습니다. 이런 돌발적인 상황을 지혜롭게 대처하는 태도를 두고 '임기응변'이라고 해요. 《진서》의 〈손초전〉에 보면, "나라와 백성을 다스리는 방책이 뛰어났고, 임기응변이 무궁했다"라고 손초라는 사람을 평하는 대목이 있어요.

손초는 친구에게 자연에서 은거하겠다는 뜻을 밝히며 "수석침류漱石枕流"라고 말했어요. 수석침류란 '돌로 양치질을 하고 흐르는 물을 베개로 삼는다'라는 뜻입니다. 그러자 친구는 무슨 말일까 싶어 의아해했어요. 아마 손초는 '침석수류枕石漱流'를 말하고 싶었을 것입니다. 침석수류란 '돌로 베개를 삼고 흐르는 물에 양치질을 한다'라는 뜻이지요. 친구는 손초에게 이를 지적하자 손초는 이렇게 말했어요.

흐르는 물을 베개로 삼겠다고 한 것은 허유처럼 더러운 말을 들으면 귀를 씻기 위함이고, 돌로 양치질을 한다고 한 것은 이를 튼튼하게 하기 위함일세.

여기서 허유는 순임금이 천하를 물려주겠다고 하자 이를 거절하며 더러운 말을 들었다고 강물로 귀를 씻은 사람입니다. 손초는 자신의 실수를 인정하기 싫어서 억지를 부린 것이지만, 그의 말은 그의 임기응변을 엿볼 수 있는 대목이지요. 손초의 임기응변은 어떤가요? 친구에게 실수라고 인정했으면 어땠을까 싶은 생각도 드네요.

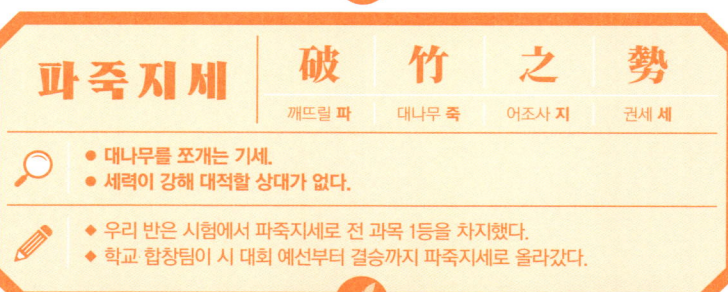

기세는 왜 중요할까

파죽지세	破	竹	之	勢
	깨뜨릴 **파**	대나무 **죽**	어조사 **지**	권세 **세**

🔍
- 대나무를 쪼개는 기세.
- 세력이 강해 대적할 상대가 없다.

✏️
◆ 우리 반은 시험에서 파죽지세로 전 과목 1등을 차지했다.
◆ 학교 합창팀이 시 대회 예선부터 결승까지 파죽지세로 올라갔다.

전 세계적으로 많은 사람이 관심을 두는 인공지능(이하 AI) 'Chat GPT'는 지구상의 모든 산업 분야를 위협하고 있습니다. 심지어 문학이나 영화, 음악 같은 예술은 물론이고 수학, 역사, 과학도 사람보다 더 빠르고 정확한 답변을 제공합니다. AI가 발전하면서 숙제를 ChatGPT에게 맡기는 사례도 등장했습니다.

똑똑한 AI가 어디까지 진화할지는 아무도 몰라요. 자칫 감정이나 생각까지도 인간의 지능을 능가할 적에는 인간에게 도리어 재앙이 될 수 있지요. 만약 AI가 인간의 모든 직업을 빼앗는다면 인간은 무슨 일을 해서 생계비를 벌 수 있을까요? 이러한 우려들이 쌓여 결국 AI의 질주를 윤리적으로 제어하자는 움직임이 일고 있습니다. 생명

공학이 무한 진화해서 사람까지 복제할지 모른다는 우려 때문에 규범을 만들고 있듯이요.

ChatGPT가 모든 분야를 집어삼키는 모습을 두고 '파죽지세'라고 표현해요. '대나무를 쪼개는 기세'라는 의미의 파죽지세는 《진서》에서 유래했어요.

중국 삼국시대 막바지에서 사마염은 유비의 촉나라를 병합한 후 조조의 위나라도 손아귀에 넣고 진나라의 황제가 되었어요. 그는 이제 양쯔강 하류에 있는 오나라만 물리치면 천하통일을 이룰 수 있었어요. 그래서 사마염은 오나라 정벌에 나섰습니다. 마침 오나라 황제는 폭정을 일삼아 민심을 잃고 있었고, 곽마의 난까지 겹쳐 내부가 크게 흔들리고 있었지요. 이런 혼란 속에서 진나라는 전황을 유리하게 이끌며 나름의 성과를 거두고 있었습니다.

하지만 전쟁은 늘 예측 불허의 걸림돌이 생기기 마련이에요. 한 장수가 작전회의에서 곧 봄비로 강물이 넘치고, 장마엔 전염병이 돌지 모르니, 이쯤에서 회군했다가 가을에 다시 오자는 의견을 냈어요. 순간 분위기가 잠시 술렁거리며 이 의견에 찬성하는 목소리가 나오기 시작했어요. 그러자 지휘관이었던 진남대장군 두예가 나섰어요.

무슨 소리요? 지금 우리 병사들의 사기는 '대나무를 쪼갤 기세'요. 대나무는 처음 두서너 마디만 칼날이 들어가면, 그다음엔 저절로 쪼개지는 법, 이 절호의 기회를 놓친단 말이오?

그러면서 두예는 군사들의 마음가짐을 다잡고 '파죽지세'로 오나라의 수도 건업을 점령해서 중국 천하를 통일합니다.

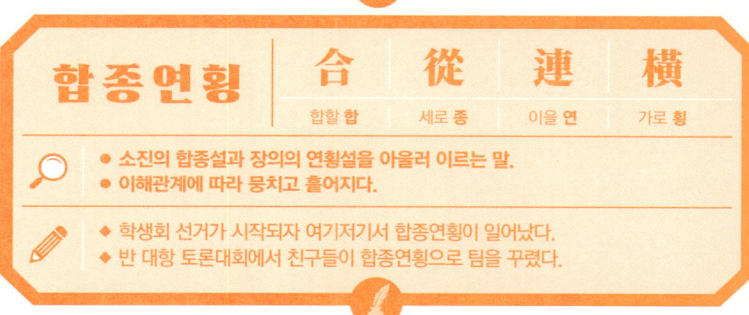

연합과 배신, 누가 이득을 얻을까

합종연횡	合	從	連	橫
	합할 합	세로 종	이을 연	가로 횡

- 소진의 합종설과 장의의 연횡설을 아울러 이르는 말.
- 이해관계에 따라 뭉치고 흩어지다.

◆ 학생회 선거가 시작되자 여기저기서 합종연횡이 일어났다.
◆ 반 대항 토론대회에서 친구들이 합종연횡으로 팀을 꾸렸다.

미국의 반도체 회사 '엔비디아NVIDIA'는 그래픽처리장치와 인공지능 분야에서 세계 최고 수준의 기술력을 가지고 있습니다. 'AI 가속기'로도 유명하지요. AI 가속기는 정보 처리와 연산에 특화 설계한 칩을 이용해 만든 하드웨어를 말하는데, 대량의 데이터를 처리하고 복잡한 작업을 하는 AI 기술의 핵심으로 꼽혀요.

엔비디아는 전 세계 AI 가속기 시장의 90퍼센트를 차지합니다. 오죽하면 미국에서 이 회사의 독점을 규제하려고도 했지요. 엔비디아의 기술을 이기기 위해 도전하는 것은 앞에서 배운 고사성어로 표현하자면 당랑거철입니다.

엔비디아의 주식이 하루가 멀게 고공행진하고, 사소한 제스처 하나에도 많은 반도체 회사의 명운이 뒤바뀌기도 했습니다. 그러자 여러 반도체 회사가 엔비디아에 대항하기 위해 힘을 합치자며 재단도 만들었다고 해요. 약자인 반도체 회사들이 강자인 엔비디아에 대항하기 위해 힘을 합친 것은 일종의 합종책이죠. 가령, 아직 그런 일이 가시화되지는 않았더라도 엔비디아가 개별 반도체 회사와 결속을 강화하는 '연횡책'을 도모한다면 합종책이 과연 힘을 받을까 싶어요.

여기서 합종책과 연횡책을 합치면, 지금부터 알아볼 고사성어 '합종연횡'이 만들어져요. 《사기》의 〈소진장의전〉에서 비롯된 합종연횡은 중국 전국시대 소진의 '합종책', 장의의 '연횡책'을 말해요. 합종책, 연횡책 둘 다 외교 전략입니다. 합종책이란 춘추전국시대 때 진나라에 대항하기 위해 조, 연, 제, 위, 한, 초 등 6국이 힘을 합쳐야 한다는 의미로, 이들 나라가 남북으로 합하는 형세에 빗대어 '합할 합合' 자에 '세로 종縱' 자를 써서 합종이라 불렀어요. 연횡책은 진나라와 이들 6국이 개별적으로 동맹을 맺어 화친해야 한다는 것으로, 합종책에 맞서는 주장입니다. 진나라와 다른 나라가 동과 서로 이어지기에 '이을 연連' 자에 '가로 횡橫' 자를 써서 연횡이라 불러요.

중국 춘추전국시대에는 많은 나라가 서로 싸웠습니다. 당시 대륙에는 백 개가 넘는 나라가 있었지요. 그러다 전국시대에 진, 위, 한, 초, 제, 조, 연 등 7개 나라로 정리가 됐습니다. 이 나라들을 '전국 7웅'이라고 불러요.

이 중 진나라의 재상이자 법가, 정치가인 상앙의 개혁으로 진나라는 초강대국이 되었어요. 그러자 나머지 6국은 진나라가 어떻게 할지 몰라 늘 불안에 떨었어요. 이때 제나라 소진이 나서서 진나라에 대항하기 위해 6국이 진의 국경을 따라 가로로 연합해야 한다는 논리를 설파해 결국 연합을 이뤄내요.

이 소식을 들은 진나라의 혜문왕이 가만있을 수 없지요. 진나라 장의가 나서서 연횡책으로 맞불을 놓았어요. 6국과 세로로 개별 동맹을 맺어 이들의 합종책을 무력화시키겠다는 전략이었죠.

전국시대에 승리한 것은 연횡책입니다. 진나라는 6국과 동맹을 맺으며 효과적으로 서로를 이간질했고, 6국은 진나라에 대항하지 않았지요. 결국 진나라가 천하를 통일하게 됩니다.

그래서 합종연횡이란 말이 생겼는데, 요즘엔 이해관계에 따라 뭉치거나 흩어지는 것을 표현하는 말로 사용돼요. 기업이나 정치권에서 많이 사용하지만, 친구 사이에서도 쓰입니다. 세상을 살아가는 지혜이기도 하지만 관계에서 너무 이익만 좇으면 가야 할 길을 잃게 되진 않을까요.

권력을 지혜롭게 사용하는 방법은 무엇일까

호가호위	狐	假	虎	威
	여우 호	거짓 가	범 호	위엄 위

● 여우가 호랑이의 위세를 빌리다.
● 남의 권세를 빌려 위세를 부리다.

◆ 그는 선생님이 자기 편이라며 친구들에게 호가호위했다.
◆ 인기 많은 친구 옆에 붙어서 잘난 척하는 건 호가호위야.

윤흥길 작가의 장편소설 《완장》에는 동네 건달이 주인공으로 나옵니다. 그는 어느 날 땅 투기로 돈을 번 사업가가 차린 양어장의 관리를 맡게 되어 완장을 찹니다. 노란 바탕에 파란 글씨가 새겨진 완장을 찬 주인공은 권력을 휘두르기 시작했어요. 낚시하러 온 사람들을 쥐 잡듯이 하는 가운데 폭행도 마다하지 않아요. 완장의 위력에 빠진 주인공은 읍내에 갈 때도 완장을 차고 나갔어요. 그의 완장 집착은 집안 내력이었지요. 그의 아버지가 완장 때문에 목숨을 잃을 정도였으니까요.

주인공은 사장 일행의 낚시질까지 금지하다가 결국 완장을 빼앗겨요. 소설에서 주인공은 몰락하면서 완장의 허망함을 깨닫습니다.

완장에 기대 권력욕을 펼치는 이 소설의 주인공 같은 행동을 고사성어로 '호가호위'라고 해요. '여우가 호랑이의 위세를 빌려 호기를 부린다'라는 호가호위는 《전국책》에서 비롯됐어요.

초나라에는 주변국에서 두려워하던 재상 소해휼이 있었어요. 이를 이상하게 생각한 초나라 선왕이 신하들에게 "내 들으니 북쪽 여러 나라가 모두 소해휼을 두려워한다는데 과연 어찌 된 일인가?"라고 물어요. 아무도 대답하지 못하는 가운데 강일이라는 대신이 나서서는 호랑이와 여우의 이야기를 들려주었습니다.

호랑이가 하루는 여우를 잡았어요. 꾀 많은 여우는 시침을 떼고 말했어요.

그대는 감히 나를 잡아먹지 못할 것이다. 나는 천제께서 온갖 짐승의 우두머리로 삼았으니, 지금 나를 잡아먹으면 천제의 명을 거스르는 것이 된다.

여우는 호랑이에게 자기를 믿지 못하겠다면 앞장설 테니 뒤를 따라와 보라고 해요. 호랑이를 뒤따라오게 한 여우는 다른 야생동물들이 있는 곳을 향해 천천히 걸어갔어요. 그러자 야생동물들이 이들을 보고 모두 혼비백산해 달아나기에 바빴죠. 이때 호랑이는 야생동물들이 여우가 무서워서 달아난다고 생각했어요. 그런데 사실은 여우

뒤에 있는 호랑이가 무서워서 달아나는데도 호랑이는 그런 생각은 눈곱만큼도 못해요.

강일은 이 얘기를 하면서 임금의 질문에 대한 답을 마무리해요. 북방의 군대들이 소해율을 두려워한다고 하나 그건 마치 야생동물들이 호랑이를 두려워하듯 선왕을 두려워하는 것이라고요.

호가호위 고사처럼 누군가 여러분에게 권력을 내어 준다면, 손에 쥔 권력을 지혜롭게 행사해야 합니다. 《완장》의 주인공처럼 막 쓰는 것이 아닌 여우의 꾀처럼 슬기롭게 사용해야 해요.

5장

보이는 대로 믿으면
생기는 일

물에 빠진 칼을 배에서 찾을 수 있을까

각주구검	刻	舟	求	劍
	새길 각	배 주	구할 구	칼 검

- 배에 표시를 새겨서 떨어뜨린 칼을 되찾으려 하다.
- 고집이 세고 융통성이 없고 무식하다.

◆ 친구와 싸웠는데 예전 일만 들추는 건 각주구검이지.
◆ 상황은 변했는데 생각은 그대로라니, 완전 각주구검이네.

초나라 사람이 배를 타고 강을 건너다가 그만 칼을 물에 빠트리고 말았어요. 그 사람은 재빨리 칼을 떨어뜨렸던 자리에 표시를 했습니다. 나중에 배가 멈추면 칼을 찾으려는 요량이었지요.

그는 배가 멈추자 칼을 찾으려고 배에서 떨어뜨린 자리에 해 두었던 표식 아래의 물속으로 뛰어들었어요. 하지만 그는 칼을 찾지 못했어요. 아무리 배에 표식을 한들, 배는 앞으로 움직였을 테니 강바닥에 가라앉은 칼을 당연히 찾을 수 없었겠죠? 함께 배를 타고 갔던 사람들이 이렇게 말하며 그를 비웃었다고 해요.

배는 움직였고 칼은 움직이지 않았는데 그렇게 칼을 찾으니 어찌 의

아하지 않겠는가.

진나라 재상이자 뛰어난 상인이었던 여불위가 자신과 진나라의 명성을 드높이기 위해 편집한 백과사전인 《여씨춘추》에 나오는 이 이야기에서 '각주구검刻舟求劍'이란 말이 생겨났어요. 융통성이 없고 무식한 사람을 비유하는 말이에요. 고집이 센 사람도 일컫고요.

《여씨춘추》에는 비슷한 얘기가 하나 등장해요. 송나라를 기습하려던 초나라가 미리 척후병을 보내 강을 건널 수 있는 얕은 곳에 표시를 해 두었어요. 그런데 갑자기 강물이 불어난 것도 모르고 어느 날 밤에 초나라 군사들이 건너다 천여 명이나 빠져 죽었다고 해요. 상황에 관한 판단은 하지 않고 척후병의 표식만 보고 건넜다가 낭패를 본 것이죠. 이렇듯 각주구검은 시대나 상황이 변했는데도 낡은 사고방식을 고집하는 융통성 없는 사람을 비유해요.

비슷한 말로 '수주대토守株待兔'가 있어요. 직역하면 '나무 그루터기에 앉아 토끼를 기다린다'라는 뜻이죠. 힘들이지 않고 요행을 기다리는 어리석은 사람을 비유하는 말이랍니다.

송나라의 한 농부가 밭을 갈다 나무 그루터기에 앉아 쉬고 있었어요. 때마침 토끼 한 마리가 쏜살같이 달려오다 나무 그루터기를 들이받고 죽었지요. 아무런 수고를 하지 않고 횡재한 농부는 그때부터 농사는 제쳐 두고 온종일 나무 그루터기만 바라보았다고 하죠.

또 토끼가 와서 나무 그루터기에 부딪혔을까요? 그런 횡재는 다시 일어나지 않았어요. 농사를 망친 농부는 웃음거리가 되었습니다.

각주구검과 수주대토의 고사에서 우리는 늘 깨어 있는 자세로 세상을 바라보고, 또 그 변화에 능동적으로 대처해야 하는 지혜를 배울 수 있습니다.

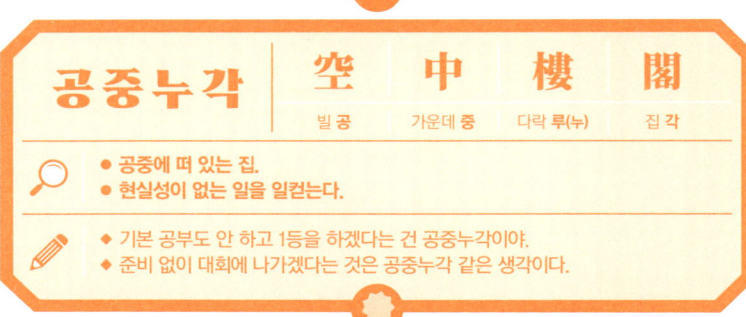

공중에 집을 지을 수 있을까

공중누각	空	中	樓	閣
	빌 공	가운데 중	다락 루(누)	집 각

🔍
- 공중에 떠 있는 집.
- 현실성이 없는 일을 일컫는다.

✏️
- ◆ 기본 공부도 안 하고 1등을 하겠다는 건 공중누각이야.
- ◆ 준비 없이 대회에 나가겠다는 것은 공중누각 같은 생각이다.

불교의 우화가 수록된 경전 《백유경》에는 3층 누각을 원하는 부자 이야기가 있어요. 이 부자가 하루는 아름다운 누각이 있다는 이웃 마을로 구경을 갔습니다. 그의 눈에 그 누각은 정말 아름다웠어요. 부자는 저 정도의 누각쯤은 지을 수 있는 재산이 있어서 바로 목수를 불렀지요. 목수에게 이웃 마을의 누각처럼 아름다운 누각을 지을 수 있겠느냐고 물었습니다. 목수는 바로 자신이 그 누각을 지었다고 대답했어요.

목수는 누각을 짓기로 하고 곧바로 작업을 시작했습니다. 터를 살펴서 적당한 형태의 누각을 그린 뒤 벽돌을 쌓아 기초 공사를 시작했죠. 그러자 부자는 목수에게 '3층' 누각을 지어달라고 했는데,

무슨 짓이냐며 따졌어요. 목수는 어리둥절해하며 3층 누각을 짓고 있지 않느냐고 되물었습니다. 그러자 부자가 이렇게 말했어요.

나는 다른 거 다 필요 없소. 3층만 있으면 되오. 그러니 맨 위 꼭대기를 지으시오.

이야기는 더 이어지긴 하지만 결말은 쉽게 예상이 됩니다. 목수는 1층과 2층을 짓지 않고 3층을 지을 수 없어 보따리를 쌌지요. 그래서 부자가 지으려고 한 3층 누각을 '공중누각'이라고 부릅니다.

부자 이야기와 비슷한 고사가 더 있습니다. 중국 송나라 심괄이라는 사람이 쓴 박물지《몽계필담》에 등장하는 구절을 살펴봅시다.

등주는 사면이 바다에 둘러싸여 있어 봄여름에는 저 멀리 하늘가에 성시누대城市樓臺를 볼 수 있다. 여기 사람들은 이것을 해시海市라고 부른다.

'성시누대'는 성으로 둘러싸인 도시에 있는 누대입니다. 누대는 누각인데, 기둥이 받침대가 되어 청廳이 높게 된 다락집을 의미해요. '해시'는 '바다 위에 세워진 도시'를 말하고요. 그렇다면 이 글에서 도시는 무엇이고, 누대는 무엇일까요. 아마도 실물이라기보다 빛의 굴절로 생긴 '신기루'라고 해석할 수 있습니다. 일종의 허상이라고 할 수 있죠. 그런데 이 이야기가 훗날 청나라 때 적호라는 사람의 책 《통속편》에서 언급됩니다.

　　지금 언행이 허구에 찬 사람을 일컬어 '공중누각'이라 말하는 것은 이를 인용한 것이다.

이렇게 해서 3층 누각을 원하는 부자의 마음을 고스란히 표현한 '공중누각'이라는 고사성어가 탄생하게 되었습니다.

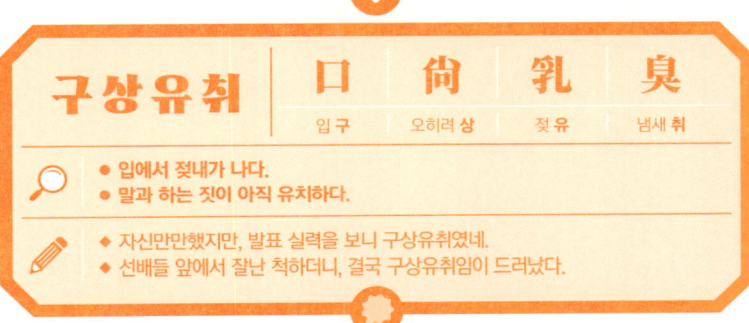

유방은 왜 백직을 무시했을까

구상유취	口	尚	乳	臭
	입 구	오히려 상	젖 유	냄새 취

🔍
- 입에서 젖내가 나다.
- 말과 하는 짓이 아직 유치하다.

✏️
- 자신만만했지만, 발표 실력을 보니 구상유취였네.
- 선배들 앞에서 잘난 척하더니, 결국 구상유취임이 드러났다.

'애어른'이라는 말에는 두 가지 의미가 담겨 있어요. 하나는 '어른 같은 아이', 또 하나는 '아이 같은 어른'이지요. '어른 같은 아이'는 나이에 비해 어른처럼 성숙한 아이, '아이 같은 어른'은 어른인데도 아이처럼 철없이 행동하는 사람을 뜻합니다. 애어른 중에서 아이 같은 어른과 관련된 고사성어가 《사기》에 수록돼 있는데, 그 전에 장기에 관해 먼저 살펴보는 것이 좋겠습니다.

장기는 '초'와 '한'이라는 진영끼리 승패를 겨루는 보드게임입니다. 진영의 이름만 봐도 초나라와 한나라가 떠오르지요? 실제로 장기는 초나라 항우와 한나라 유방이 천하를 걸고 치른 전쟁인 '초한전쟁'을 배경으로 만들어졌어요. 구상유취도 초한전쟁에서 유래한 말입니다.

　진나라를 멸망시킨 항우는 유방을 중원이라는 지역에서 쫓아내려고 그를 한나라의 왕으로 임명해요. 한나라의 왕이 된 유방은 한신을 중용해서 힘을 키우기 시작하죠. 한신은 어릴 적 동네 건달이 길을 막으며 싸움을 걸어와 죽기 싫으면 가랑이 사이로 기어가라는 치욕을 견딘 고사의 주인공이기도 합니다.

　몇 년이 흘러 힘을 키운 유방은 항우에게 맞서기 위해 움직이기 시작했습니다. 관중 땅을 손아귀에 넣더니 초나라의 수도 팽성까지 점령해요. 그러자 항우가 반격에 나섰고, 유방은 크게 져요. 그를 따랐던 제후들은 항우에게 항복합니다. 배신한 거예요.

　위나라 왕 표도 유방을 배신하고 부모 병간호를 핑계로 평양으로 돌아갔어요. 하지만 표는 항우와 화친을 맺지요. 분노한 유방이 표를 치려고 한신을 보냅니다. 군대를 전장으로 보내면서 유방이 역이기에게 물어요. 역이기에게 위나라 사정에 밝은 사람이었어요.

　유방 표 군사의 대장은 누구요?

　역이기 백직이라는 자입니다.

　유방 백직이라고? 그는 입에서 젖비린내가 나는 자요. 백전백승한 한신을 당해낼 순 없지.

정말 표는 한신의 적수가 못됐어요. 한신은 유방의 큰소리가 헛소리가 되지 않도록 한 것이죠. 유방은 위나라 군사를 물리치고 순식간에 표를 붙잡아 압송했어요. 끌려온 표가 살려달라고 빌자, 유방은 표를 죽이는 대신 형양 지역의 수비를 맡겼다고 해요. 이 대화에서 유래한 고사성어가 바로 구상유취입니다. 누가 봐도 앳되거나, 자신보다 한참 모자란 사람을 이르는 말이 이런 전쟁 중에 나온 말이지요. 질 자신이 없을 때 쓴다고 생각하면 되겠습니다.

같은 편인데도 다른 마음을 가질 수 있을까

동상이몽	同	床	異	夢
	한가지 동	평상 상	다를 이	꿈 몽

🔍
- 같은 자리에 자면서 다른 꿈을 꾸다.
- 겉으로는 같은 행동하면서도 속으로는 각각 다른 생각을 하다.

✏️
◆ 같은 반이지만, 서로의 방향이 달라서 동상이몽처럼 느껴졌다.
◆ 친구와 함께 시작했지만, 마음은 이미 동상이몽이었다.

〈동상이몽〉이라는 예능 프로그램이 있습니다. 지금은 시즌이 바뀌어 연예인 부부의 일상을 보여 주지만, 시즌이 바뀌기 전에는 일반인 부모와 청소년 자녀 사이의 세대 갈등을 공감대 있게 끌어낸 것으로 좋은 평가를 받았지요. 고사성어 '동상이몽'의 '따로 또 같이'라는 의미를 잘 담은 프로그램입니다. 갑자기 웬 방송 이야기를 하냐고요? 이번에 함께 알아볼 고사성어가 동상이몽이어서 한번 언급했습니다. 그러니 그 프로그램을 몰라도 이번 이야기를 이해하는 데는 문제가 없어요. 이름만 기억하면 됩니다.

동상이몽이라는 프로그램 이름이 상징하듯 이 고사성어는 '같은 침대에서 잠을 자지만 다른 꿈을 꾼다'라는 의미예요. 다른 한자는 그대로 이해하면 되는데, '평상 상床' 자는 설명이 있어야 이해하기 쉬울 거예요. 상은 옛 중국의 침대 구조 중 하나입니다. 중국은 예로부터 나무 침대를 사용했대요. 나무로 만든 침대의 다리 위에 널빤지를 얹었는데, 그 널빤지를 상이라고 해요.

얼핏 보아 한자어 그대로의 해석처럼 여겨질 수 있지만 이 말에도 고사가 있어요. 중국 남송의 학자 진량이 처음 사용한 데서 유래되었다지만 어디서, 어떤 상황에서 사용했는지는 구체적인 기록이 없으니 알 수 없어 안타깝네요.

동상이몽을 알아보려면 당시의 상황을 알아야 합니다. 중국 춘추전국시대를 한마디로 표현하면 엄청나게 많은 나라가 각자 위세를 부리던 대혼란기라고 할 수 있어요. 주나라가 힘을 잃으면서 제후들이 각자, 또는 서로 힘을 합쳐 나라를 세웠기 때문이에요. 어제의 동지가 오늘의 적이 되고, 오늘의 적이 내일의 동지가 될 만큼 '합종연횡'이 대단했지요.

합종연횡을 글자 그대로 해석하면 '세로로 합하고, 가로로 잇다'라고 할 수 있어요. 중국 전국시대 사상가인 소진의 '합종책'과 장의의 '연횡책'을 합친 외교 전술입니다. 혼자서는 부족하니 주변을 이용하는 것이지요.

약소국은 혼자서 강국을 감당해 낼 수 없잖아요. 하지만 어떻게 해서든 대항할 전략을 마련해야 합니다. 이런 상황에서는 같은 처지의 약소국끼리 동맹을 맺어 힘을 키우거나, 아니면 강국의 국경을 약자들이 죽 늘어서서 일정 부분씩 맡아 방어하면 충분히 막을 수 있겠지요.

이렇게 힘을 합친다고 해서 마음까지 하나로 뭉친 것은 아니었습니다. 합종연횡한 것은 살기 위해서였죠. 겉으로는 '공동의 적'을 향해 같은 편이 된 듯 보였지만, 속으로는 각자 다른 꿈을 꾸고 있었던 것입니다. 어떤 나라는 명분을 내세워 주도권을 잡으려 했고, 또 어떤 나라는 일단 살아남기 위해 눈치껏 줄을 서기도 했습니다.

겉으론 한 이불을 덮고 있지만 속마음은 제각각이었던 셈입니다. 바로 이것이 동상이몽이에요. 같은 침상에 누워도 서로 다른 꿈을 꾸는 것처럼, 겉으로는 협력해도 속뜻은 달랐던 것이지요.

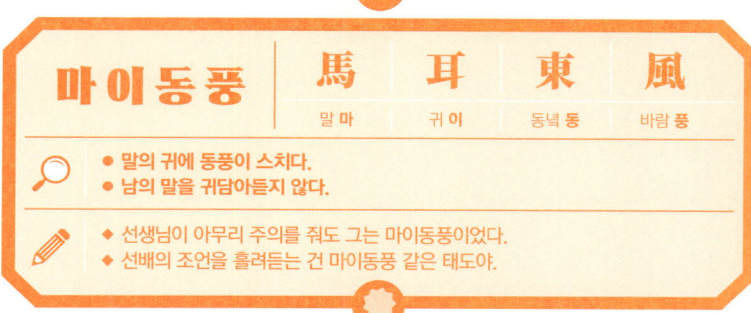

사람들은 왜 충고를 듣지 않을까

마이동풍	馬	耳	東	風
	말 마	귀 이	동녘 동	바람 풍

🔍
- 말의 귀에 동풍이 스치다.
- 남의 말을 귀담아듣지 않다.

✏️
- ◆ 선생님이 아무리 주의를 줘도 그는 마이동풍이었다.
- ◆ 선배의 조언을 흘려듣는 건 마이동풍 같은 태도야.

여러분은 어떤 잔소리가 가장 듣기 싫나요? 아마도 "공부 좀 해라" 혹은 "게임 좀 그만해라"가 아닌가 싶네요. 잔소리는 여기서 그치지 않고 꼭 연관 검색어처럼 사족이 따라붙는 것이 문제입니다. "뭐가 되려고", "쯧쯧", "아무리 얘기하면 뭘 해, 쇠귀에 경 읽기인데" 같은 말들이죠.

여기서 '쇠귀에 경 읽기'란 속담에 주목해 봅시다. 고사성어는 아니지만 사자성어로는 '우이독경牛耳讀經'이라고 하죠. 경전 같은 좋은 것을 소에게 아무리 읽어 준다 한들 소는 그것을 듣지 못한다는 데서 비롯된 말이에요. 고사성어에도 이와 비슷한 '마이동풍'이라는 말이 있습니다. '말의 귀에 동풍이 스친다'라는 고사성어, 마이동풍의 유래를 찾아가 보죠.

　중국 역사에 가장 뛰어난 시인으로 항상 연관 검색어처럼 함께 언급되는 두 시인이 있습니다. 두보와 이백, 그 중 이백의 이야기를 해 보겠습니다.

　교과서에서 "달아 달아 밝은 달아 이태백이 놀던 달아……"로 시작되는 노래를 보았을 것입니다. 이 노래는 〈달타령〉이라는 노래죠. 여기 나오는 이태백이 바로 이백입니다. 이백은 우리나라 구전동요에도 나올 만큼 유명한 시인이죠.

　이백의 시문집 《이태백집》에는 〈답왕십이한야독작유회〉라는 긴 제목의 시가 있어요. 이 제목을 풀이하면 '추운 밤 홀로 잔을 드는 왕십이의 감회에 답하노라'라는 뜻입니다. 왕십이가 어떤 감회를 했길래 답시를 썼을까요? 여기서 왕십이는 이백의 친구인데, 아주 가난했습니다. 그는 어느 밤 홀로 술을 마시다 처량한 자신의 신세를 한탄하는 시를 지어 이백에게 보냈나 봐요. 〈한야독작유회〉, 즉 '추운 밤에 홀로 술잔을 들며 수심에 잠기다'라는 제목이었죠.

　이 시는 아무리 자신이 좋은 글을 지어도 소용없음을 한탄한 시입니다. 대대로 중국은 문인을 숭상했지만 당나라 시기엔 무인이 더 대우 받았기 때문이지요. 이에 이백은 격하게 공감하는 답시를 구구절절 썼어요.

세상 사람이 이 말을 듣고도 머리를 내저으니世人聞此皆掉頭

마치 봄바람이 말귀를 스치는 격이구려有如東風射馬耳

    그러면서 이백은 제아무리 높은 감투라 해도 소용없고, 자신들의 목표는 벼슬자리가 아니라 유유자적하는 것이 아니겠느냐고 왕십이를 위로했다고 합니다. 〈답왕십이한야독작유회〉에서 유래한 마이동풍의 배경은 조금 울적하기도 하네요. 자신의 자리에서 애쓰는 여러분들도 힘이 들 때마다 마이동풍 고사를 떠올리며 높은 목표를 향해 나아가면 좋겠습니다.

가짜 뉴스를 믿는 이유는 무엇일까

삼인성호	三	人	成	虎
	석 삼	사람 인	이룰 성	범 호

- 세 사람이 우기면 호랑이도 만든다.
- 근거 없는 말이라도 여럿이 하면 곧이듣게 된다.

- 확인도 안 하고 소문을 믿는 건 삼인성호의 함정이야.
- 누군가의 오해가 삼인성호처럼 커져서 친구가 상처받았다.

한강 작가는 2024년에 노벨문학상을 수상했습니다. 대한민국의 큰 경사지요. 그런데 수상 직후 작품을 두고 논쟁이 있었어요. 작품에서 광주민주화항쟁(《소년이 온다》)이나 제주4·3항쟁(《작별하지 않는다》)을 다루는 관점이 마음에 들지 않았던 일부 사람들이 노르웨이 대사관 앞에서 왜 노벨상을 주냐며 항의 데모까지 벌였다고 해요.

이처럼 한강의 노벨상 수상으로 여러 이야기가 생성되고 있는 와중에 놀라운 뉴스 하나가 나옵니다. 바로 한강 작가가 자신의 노벨상 수상 상금 전액을 독도 평화를 위해 기부한다는 뉴스였어요. 의도야 좋지만 어딘가 이상하지요. 작가의 소설에서 다루는 장소인 광주나 제주도 아닌 독도는 조금 뜬금없는 장소처럼 보였어요. 아니나

다를까 이 뉴스는 '가짜 뉴스'로 밝혀졌어요.

가짜 뉴스는 우리 사회뿐만 아니라 전 세계에서 발생하고 있는 범죄입니다. 그 폐해가 정말 크기 때문이지요. 가짜 뉴스를 그대로 믿었다간 낭패를 볼 수도 있어요. 그런데 이런 가짜 뉴스의 문제를 꼬집는 고사성어가 있습니다. '삼인성호', '세 사람이 말하면 없던 호랑이도 만든다'라는 고사성어지요. 삼인성호는 중국 전한 때 제작된 전국시대 전략가들의 외교, 정치, 군사 등의 전략을 모은 책인 《전국책》에서 유래한 말입니다.

전국시대 위나라 방총이 태자와 함께 조나라에 인질로 끌려가게 되었어요. 방총은 혹시 조나라 내에서 자신을 헐뜯는 말이 돌아 위나라로 영영 못 돌아가면 어떡하나 걱정하다가 위나라 왕을 찾아가 다짐을 받아요. 다짐을 받는 과정이 바로 삼인성호의 유래입니다.

방총은 왕에게 어떤 사람이 지금 대량(위나라 수도)에 호랑이가 나타났다고 말하면 믿겠느냐고 물었어요. 왕은 당연히 어찌 믿겠느냐고 하죠. 다시 방총이 왕에게 또 한 사람이 와서 그렇게 말하면 믿겠느냐고 물어요. 왕은 반신반의한다고 했어요. 그래도 마음이 놓이지 않은 방총은 세 번째 사람도 그렇게 말하면 믿겠느냐고 물었어요. 그러자 왕은 세 사람씩이나 와서 호랑이를 보았다는데, 믿지 않을 사람이 있겠느냐고 되레 반문했어요.

그러자 방총은 자신이 조나라에 가면 셋보다 더 많은 사람이 험

담하겠지만 신경 쓰지 말라고 부탁했고, 왕은 알겠다고 했어요. 하지만 방총이 조나라로 떠나자마자 험담이 줄을 이었고, 결국 방총은 간신의 모함으로 귀국할 수 없었대요.

삼인성호는 정치 공작 혹은 여론 조작 같은 문제에 적잖이 적용됩니다. 그럴듯한 소문이나 음모론에도 쉽게 흔들리는 군중 심리를 잘 설명하는 고사성어죠. 그러니 여러분들은 부디 타인의 말만 믿고 무언가를 덥석 믿진 않았으면 합니다. 가끔 혹할 때가 오면 삼인성호 고사를 떠올려 보세요.

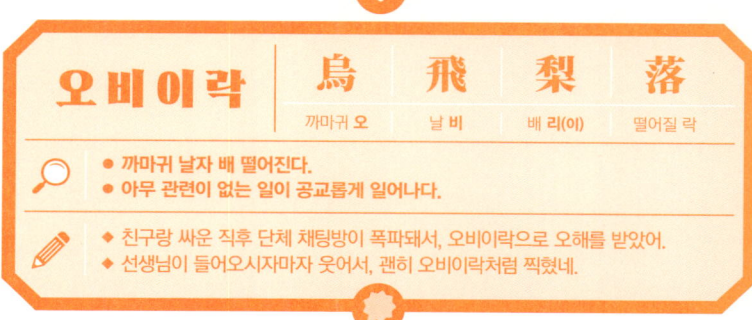

배밭 주인은 왜 까마귀를 원망했을까

오비이락 | 烏 飛 梨 落

까마귀 오 | 날 비 | 배 리(이) | 떨어질 락

- 까마귀 날자 배 떨어진다.
- 아무 관련이 없는 일이 공교롭게 일어나다.

◆ 친구랑 싸운 직후 단체 채팅방이 폭파돼서, 오비이락으로 오해를 받았어.
◆ 선생님이 들어오시자마자 웃어서, 괜히 오비이락처럼 찍혔네.

어떤 사람이 골목길을 지나가던 중에 갑자기 "도둑놈 잡아라!"라는 고함이 울렸어요. 그는 잠시 두리번거리다 가던 길을 계속 갔죠. 얼마 뒤 어떤 사람이 숨을 헐레벌떡거리며 미친 듯이 달려오더니 "너 콩밥 좀 먹어 봐라"라며 그의 멱살을 잡고 말했다고 해요.

이 사람은 도둑도 아닌데 왜 도둑으로 몰리고 있었을까요? 우연히 사건이 벌어진 골목을 지나던 그를 피해자가 발견했기 때문이었어요. 주변에 아무도 없고 그만 있었으니, 다짜고짜 도둑으로 의심받기 좋은 상황이었지요. 이런 상황을 두고 '까마귀 날자 배 떨어진다'라고 해요. 배나무에 앉은 까마귀가 날아가자 우연히 배가 떨어진 상황입니다. 배나무 주인은 까마귀가 날아가서 배가 떨어졌다며

화를 냈다는 고사지요. 이 이야기의 원전은 《불교영험설화집》에 수록되어 있습니다. 이를 고사성어로 표기하면 '오비이락'이라고 할 수 있습니다. 오비이락의 고사는 드물게 우리나라 책에서 유래했습니다. 조선 인조 때 홍만종이 엮은 《순오지》에 나와요.

신라시대 보개산 기슭의 큰 배나무 밑에 독사 한 마리가 똬리를 틀고 있었대요. 배나무 위에 앉아 쉬고 있던 까마귀가 후루룩 날아갔지요. 마침 배 한 알이 떨어지더니, 그만 독사의 머리를 맞혔어요. 독사는 즉사했죠.

불교의 인연설에 따라 훗날 독사는 멧돼지로, 까마귀는 까투리(암꿩)로 환생했어요. 어느 날 멧돼지의 발길에 돌이 하나 채였는데, 지나가던 까투리는 멧돼지가 찬 돌에 맞아 죽지요. 마침 그곳을 지나가던 사냥꾼이 죽은 까투리를 가져가 아내와 함께 맛있게 먹었습니다. 시간이 흘러 사냥꾼 아내가 아들을 낳았어요. 이 아들도 커서 아버지처럼 사냥꾼이 되었는데, 신기하게도 멧돼지만 사냥했다고 해요. 죽은 까투리가 아들로 환생한 것이지요.

어느 날 사냥꾼은 사냥터에서 금빛이 도는 멧돼지를 발견해요. 웬 횡재인가 싶어 얼른 화살 세 발을 날리지요. 하지만 금빛 멧돼지는 화살이 꽂힌 왼쪽 어깨에서 피를 철철 흘리며 산봉우리 쪽으로 달아났어요. 사냥꾼은 쫓아갔죠. 그런데 멧돼지는 온데간데없고 지장보살이 나타나더니 이러더랍니다. 서로 원한을 풀라고 말이지요.

오비이락의 고사로 공교로운 일이 우연히 발생할 수도 있다는 것과, 그것으로 인한 원한은 돌고 돌아 자신에게 돌아온다는 것, 미움과 원한의 꼬리를 끊어야 비로소 윤회에서 벗어난다는 것을 알 수 있습니다. 여러분도 대인배 같은 마음을 가지는 것이 살아가는 데 큰 도움이 될 거예요.

차사가 돌아오지 못한 이유는 무엇일까

함흥차사	咸	興	差	使
	다 함	일 흥	다를 차	부릴 사

- 함흥에 간 차사.
- 심부름을 가서 오지 않거나, 늦게 오다.

- 교무실에 심부름 간 친구가 함흥차사네.
- 물건 빌려준 친구가 함흥차사라, 아직도 안 돌려줬어.

고려 말 요동 정벌에 나섰던 이성계는 위화도에서 군대를 되돌려 개경으로 가서 우왕을 폐위하고 조선을 건국했습니다. 훗날 이성계의 아들들은 왕위를 두고 싸우는 '왕자의 난'을 일으켜요. 이 사건은 왕이라는 최고 권력을 형제는 물론이거니와, 아버지와도 나누지 않는 것임을 확실하게 보여 줍니다.

왕자의 난을 일으킨 사람은 태조의 다섯째 아들 이방원입니다. 아버지가 막내인 의붓어머니 강 씨의 아들 방석을 세자로 책봉하자 이에 불만을 품었던 것이지요. 이복동생들을 죽인 이방원은 장자 승계 원칙을 세운다는 논리로 둘째 형 방과를 세자로 만들었습니다. 세자는 즉위해서 정종이 되었어요. 정종은 아버지 태조를 '상왕'으로 추대했어요. 상왕은 왕위를 물려준 군주인데, 현왕과 전왕이 동시에 살아 있을 때 전왕을 부르던 왕실 호칭입니다. 태상왕이라고도 부르지요.

그런데 방원의 바로 위의 형 방간이 왕이 되고 싶어 하자 싸움이 벌어집니다. 이 싸움에서 이긴 방원은 세자 자리를 꿰차요. 그리고 9개월 만에 방원은 정종에게 압력을 넣어 왕의 자리를 양위 받아요.

상왕 태조는 자식들의 권력 투쟁에 넌더리를 내며 함흥으로 가 은거합니다. 옥새도 가지고 갔어요. 옥새까지 가지고 갔다는 것은 예삿일이 아니에요. 옥새는 왕이 사용하는 인장을 말하는데, 왕권을 상징해요. 이런 상황에서 방원은 조급해졌습니다. 명나라로부터 왕즉위를 허락받아야 하는데, 옥새가 없으니 이러지도 저러지도 못했어요. 설상가상으로 명나라는 옥새를 받아 오든지 왕위에서 물러나든지 둘 중 하나를 택하라고 압박했지요.

방원은 상왕에게 왕명으로 파견하는 '차사'를 보냈어요. 차사란 임금이 중요한 임무를 위해 파견하는 임시 벼슬입니다. 옥새를 가지고 한양으로 돌아오라는 전갈을 보내려고 사람을 급하게 보낸 거예요. 하지만 함흥으로 갔던 차사는 돌아오지 않았어요. 확인해 보니 태조는 아예 집 앞에 초소를 만들어 부하에게 망을 보게 하고, 태종이 보낸 차사가 왔다고 하면 직접 말을 타고 나서서 활을 쏘아 차사를 죽였다고 해요. 이렇게 태종의 명을 받아 함흥에 있는 태조에게 달려간 차사가 돌아오지 못하자 '함흥차사'라는 말이 생겨났어요.

함흥차사는 '무언가 하러 간 사람의 소식이 끊기다'라는 의미죠.

그렇다면 방원은 끝내 태조를 설득하지 못했을까요? 아니에요. 태조와 친한 무학대사가 찾아가 설득했고, 결국 태조는 한양으로 돌아와요. 그러자 방원은 궁 밖까지 마중을 나가 아버지 앞에 엎드려 통곡하며 뉘우치는 모습을 보였고, 태조는 옥새를 방원에게 넘겼다죠. 그렇게 해서 방원은 조선 제3대 국왕 태종이 됩니다.

함흥차사 고사는 살벌한 이야기지만, 요즘 일상 대화에서 쓰일 때는 "걔는 왜 연락이 없어?" 같은 말을 할 때 함흥차사라는 표현을 덧붙여요. 그래서 요즘은 누가 부탁을 받고도 소식이 없을 때 "함흥차사네!" 하고 웃으며 말하지요. 무시무시한 역사에서 비롯된 말이지만, 지금은 일상 속에서 '소식이 너무 늦은 사람'을 가볍게 놀릴 때 쓰는 표현이 되었답니다.

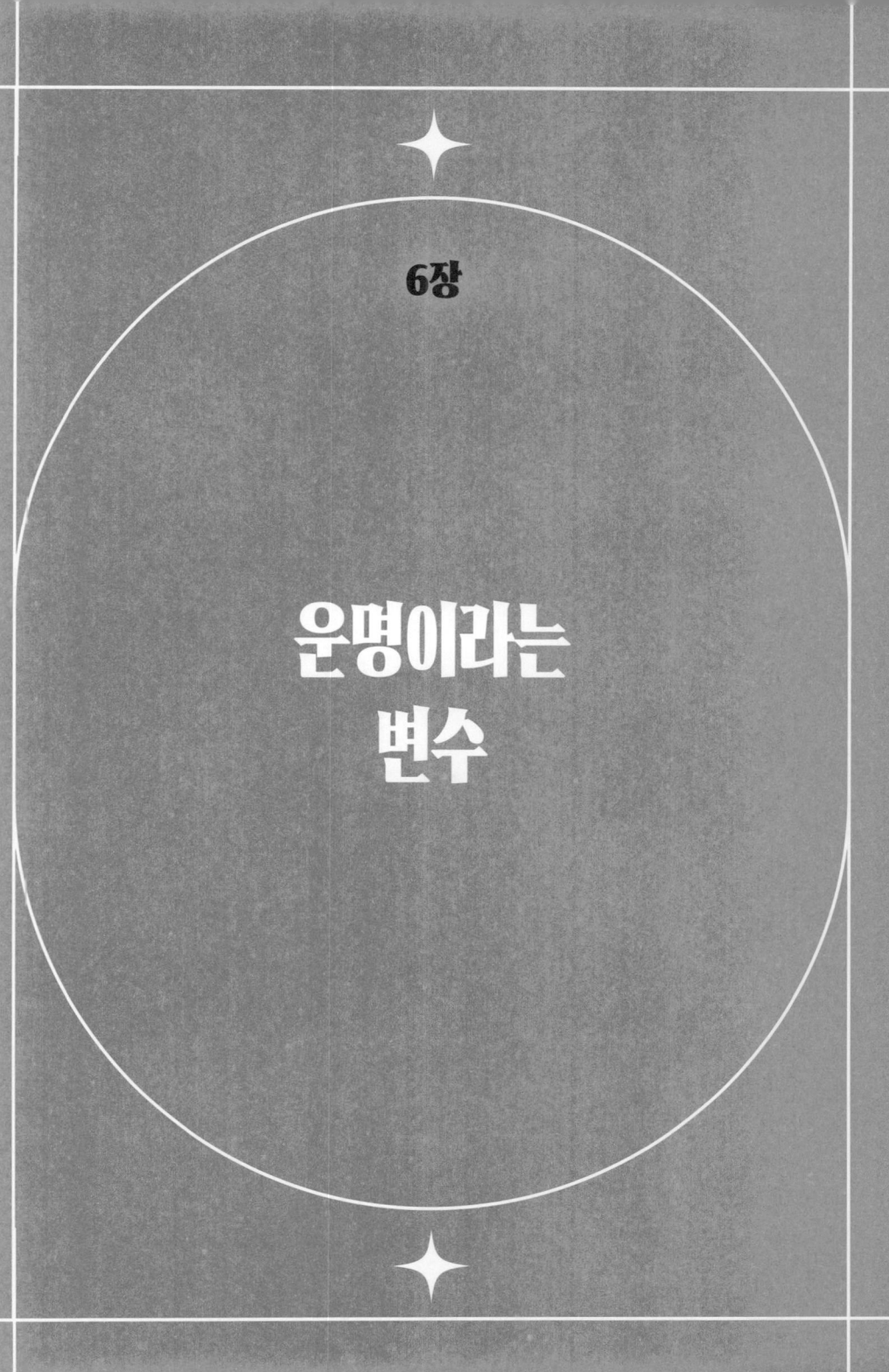

6장

운명이라는
변수

아름다운 사람의 운명은 왜 기구할까

가인박명	佳	人	薄	命
	아름다울 가	사람 인	엷을 박	목숨 명

🔍 ● 아름다운 여자는 일찍 죽는다.
　 ● 아름다운 여자는 인생이 불행하다.

✏️ ◆ 무대에서 가장 빛나던 친구가 갑자기 다쳤다니, 가인박명 같았어.
　 ◆ 실력도 외모도 뛰어난데 스트레스가 많다니, 참 가인박명이야.

중국 송나라 때 소동파(소식)라는 천재 시인이 있었어요. 소동파는 당나라와 송나라의 뛰어난 문장가 여덟 명을 가리키는 '당송팔대가'로 꼽히는 인물이지요. 소동파는 우연히 절에서 만난 예쁜 여승으로 보고 〈박명가인〉이라는 시를 지었습니다.

예로부터 아름다운 사람은 목숨이 박하다 했거늘自古佳人多命薄

문 닫고 봄이 다 가니 버들꽃도 떨어지누나閉門春盡楊花落

소동파는 여승이 도대체 무슨 사연이 있어 출가했는지 궁금했습니다. 그러다 그는 여승의 빼어난 미모 때문인 것은 아닌지 의심하게 되었죠. 만약 평범했다면 당시 여느 여인처럼 멋있는 사람을 만나 평범하게 살아갈 텐데요.

소동파는 여승의 빼어난 미모 때문에 어떤 사건이 일어났다고 생각했어요. 그 사연으로 여승은 불교에 귀의한 것이 아닌지 의심했지요. 물론 여승이 특별한 사연 없이 자발적으로 선택한 길일 수도 있죠. 그런데 소동파의 생각은 달랐던 거예요. 〈박명가인〉의 앞부분을 마저 읽어 보죠.

우윳빛 두 뺨에 옻칠한 듯 검은 머리카락雙頰凝酥髮抹漆

눈빛이 발에 비치니 진주처럼 빛나고眼光入簾珠的皪

흰 비단으로 선녀 옷 짓고故將白練作仙衣

애초 모습 더럽힐까 연지도 바르지 않고不許紅膏汚天質

오나라 아이처럼 애교 떤 목소리 앳되어吳音嬌軟帶兒癡

다가올 근심을 아는지 모르는지無限開愁總未知

미인을 저렇게 아름답게 표현하다니, 새삼 소동파가 얼마나 대단한지 알 수 있는 시입니다. 아무튼 '박명가인'이라는 고사성어는 바로 이 시에서 비롯됐어요. 사람들은 흔히 박명가인보다 '가인박명'이라고 쓰지요.

역사에는 젊어서 생을 마감한 미인이 많아요. 중국 당나라 현종 때의 양귀비, 이집트의 클레오파트라, 영국의 다이애나 세자빈…….

그런데 가인박명은 꼭 미인이 일찍 죽는 것만을 상징하지는 않아요. 불행한 인생을 표현할 때도 써요. 여승은 죽지 않았잖아요. 소동파는 여승의 삶을 불행하게 보고 이 시를 쓴 것이죠.

운이 따르지 않을 때는 어떻게 해야 할까

계란유골	鷄	卵	有	骨
	닭 계	알 란	있을 유	뼈 골

🔍
- 달걀에도 뼈가 있다.
- 운이 나쁜 사람은 모처럼 좋은 기회가 와도 일이 뜻대로 되지 않는다.

✏️
- 시험 공부 다 했는데 딱 그 부분이 안 나와서, 완전 계란유골이었어.
- 그는 운 좋게 체육대회 대표가 되었지만, 발목이 부러져서 계란유골이었다.

달걀에 뼈가 있을까요? 그렇게 생각하는 사람은 아무도 없어요. 그런데도 뼈가 있다고 한다면, 나름의 사연이 있겠지요. 조재삼이란 사람이 쓴 백과사전 《송남잡지》에 나오는 이야기를 함께 봅시다.

'청백리淸白吏'라는 벼슬을 알고 있나요? 조선 의정부에서 청렴하고 강직한 신하에게 내리는 벼슬입니다. 쉽게 '청렴결백한 관리'의 줄임말이라고 생각해도 좋지요. 청백리 칭호를 받은 대표적인 인물이 바로 조선 세종 때의 명재상 황희 정승이에요. 그는 비가 줄줄 새는 집에 살았다고 하죠. 이런 청백리였으니 살림살이가 오죽이나 했겠어요. 세종대왕도 그의 딱한 처지에 관해 얘기를 들었나 봐요. 하루는 이런 명령을 내려요.

오늘 하루 남대문으로 들어오는 물품은 모두 황희 대감에게 갖다주어라.

그런데 그날따라 온종일 비가 내렸어요. 비가 오면 무엇이든 이동하기 어렵잖아요. 저녁이 다 되도록 황희 정승네에는 아무것도 들어오지 않았어요. 그러다 저녁 무렵 달걀 한 꾸러미가 도착했지요. 황희 정승은 '옳다구나, 죽으란 법은 없구나'라는 생각을 했습니다. 황희 정승 부인이 고맙게 여기며 정성스럽게 이 달걀들을 삶았어요. 그런데 그 달걀 꾸러미는 황희 정승 가족에게 위안이 될 수 없었지요. 달걀껍데기를 까보니 모두 곯았기 때문입니다. 속이 상해서 먹을 수가 없었지요.

여기서 나온 말이 '계란유골'이에요. '뼈' 이야기는 없었는데 달걀에 뼈가 있다니, 무언가 말이 안 맞죠? 바로 곯았다는 것을 '뼈가 있다有骨'라고 표현한 것입니다. '곯다'의 어간이 한자의 '뼈 골骨' 자와 같은 음이거든요. 골 자를 빌려 쓴 '가차문자假借文字'죠. 가차문자는 어떤 뜻을 나타내는 한자가 없을 때 단순히 소리가 비슷하거나 같다는 이유로 빌어 쓰는 글자예요. 글자에 얽매여 해석하면 '달걀이 곯아있다'가 맞겠지요.

이 이야기는 후에 누군가가 황희 정승을 청빈한 공직자 삶의 표상으로 삼으려고 지어낸 이야기라는 설이 있어요. 아무튼 계란유골 고사는 지지리도 운이 없는 상황을 비유하죠. 어쩌다 기회가 와도 운이 나쁜 사람은 일이 뜻대로 이루어지지 않는 것입니다. '말이 겉보기와 달리 속뜻이 있다'라는 의미의 '언중유골言中有骨'과는 완전히 다른 말이니 헷갈리지 않도록 해요.

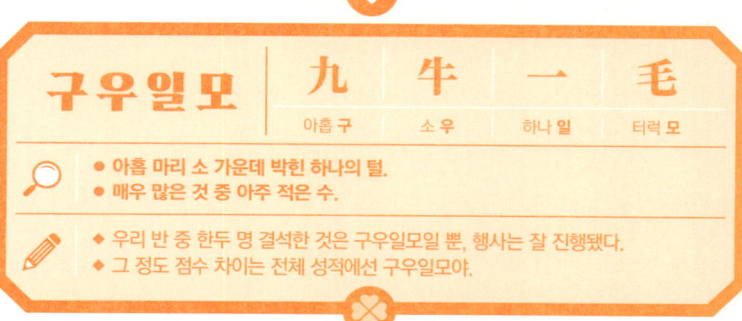

구우일모 | 九 牛 一 毛
아홉 구 | 소 우 | 하나 일 | 터럭 모

🔍
● 아홉 마리 소 가운데 박힌 하나의 털.
● 매우 많은 것 중 아주 적은 수.

✏️
◆ 우리 반 중 한두 명 결석한 것은 구우일모일 뿐, 행사는 잘 진행됐다.
◆ 그 정도 점수 차이는 전체 성적에선 구우일모야.

《사기》를 쓴 사마천은 '궁형宮刑'을 받는 치욕을 견딘 역사가입니다. 궁형은 생식 능력을 빼앗는 형벌입니다. 궁형을 당하면 수염이 없어진다고 하지요. 그래서인지 사마천의 초상화에는 수염이 없습니다. 그러면 사마천은 왜 궁형을 당했을까요? 한나라의 역사가 수록된 《한서》에는 사마천이 왜 궁형을 당했는지 언급됩니다.

전한 무제 때 이릉이라는 장군이 군사 5000명을 이끌고 흉노匈奴를 정벌하러 갔어요. 흉노는 몽골고원에 살던 유목민인데, 중원 지역 사람들을 자주 괴롭혔어요. 이릉은 흉노가 싸움도 잘하고 아주 거친 데다가, 군사의 수마저 열 배나 차이가 났기에 흉노의 군사를 당해낼 수 없었습니다. 그런데도 이릉은 있는 힘을 다해 죽기 살기로 싸워 나름대로 크고 작은 성과를 냈지만 결국 지고 말았어요.

그렇게 전한의 흉노 정벌은 실패하게 되었지만, 뜻밖의 소식이 한나라 무제에게 도착했어요. 전사한 줄로만 알았던 이릉이 흉노에 항복하고 후한 대접을 받으며 살고 있다는 것이었죠.

이에 분노한 무제는 곧바로 이릉의 가족들을 참형에 처하라고 명령했어요. 하지만 서로 얼굴만 멀뚱멀뚱 쳐다볼 뿐 아무도 나서서 이릉을 옹호하지 않았어요. 이때 사마천이 나섰어요. 이릉은 적은 병력으로 수만의 오랑캐와 치열하게 싸웠다고요. 더욱이 이릉은 흉노를 벌벌 떨게 했다는 이광 장군의 손자였다는 점도 언급했습니다.

하지만 사마천의 변호만으로 무제의 분노가 풀릴 리 없죠. 되레 그 불똥이 사마천에게 튀었어요. 무제는 사마천을 감옥에 가두라고 했어요. 그리고 사형시키라고 명령하죠. 졸지에 죽게 된 사마천이 사형을 면하는 데는 두 가지 방법이 있었어요. 하나는 50만 전을 내는 것이고, 다른 하나는 궁형을 받는 것이었죠. 돈이 없던 사마천은 결국 궁형을 받게 됩니다. 주변에서는 수치스러운 궁형을 받느니 차라리 절개를 지켜 자결하라고 권하기도 했지요.

사형을 받는다 한들 그것은 한낱 아홉 마리의 소 중에서 터럭 하나 없어지는 것일 뿐이니, 나 같은 존재는 땅강아지나 개미 같은 미물과 무엇이 다르겠나?

여기서 '구우일모'라는 고사가 비롯됐습니다. 하지만 사마천이 죽었다면 우리는 《사기》 같은 훌륭한 역사서를 만나지 못했겠죠. 사마천의 궁형을 다행이라고 해야 할까요? 아무튼 구우일모는 이처럼 매우 많은 것 가운데 아주 적은 수를 이르는 말입니다. 사마천의 고사는 목숨이라는 큰 것을 지키기 위해 자존심이라는 나름 사소한 것을 내려놓은 일화라고 볼 수 있겠어요.

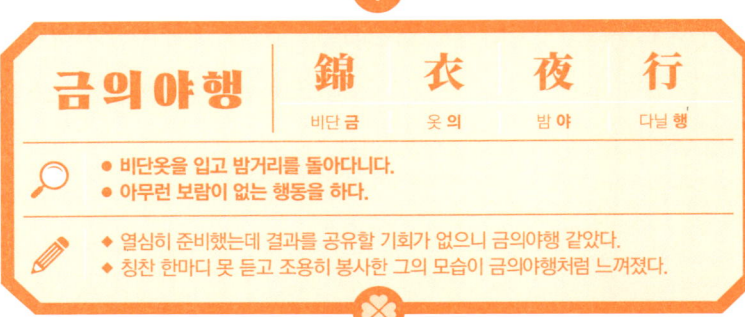

금의야행 | 錦 衣 夜 行

비단 **금**   옷 **의**   밤 **야**   다닐 **행**

- 비단옷을 입고 밤거리를 돌아다니다.
- 아무런 보람이 없는 행동을 하다.

◆ 열심히 준비했는데 결과를 공유할 기회가 없으니 금의야행 같았다.
◆ 칭찬 한마디 못 듣고 조용히 봉사한 그의 모습이 금의야행처럼 느껴졌다.

'달밤에 체조하다'라는 말이 있습니다. 밝은 낮이 아닌 굳이 밤에 체조하는 모습은 어딘가 이상하죠. 요즘에는 밤에 공원을 가도 대낮처럼 밝아서 체조를 할 수 있지만, 이 말이 생겨난 과거에는 전깃불조차 없었기에 밤에 체조를 하는 모습이 더욱 이상하게 보였을 것입니다. 즉, 이 말의 속뜻은 '격에 맞지 않은 짓'이지요. 이번에 다룰 고사성어도 이와 연관이 있습니다. '금의야행錦衣夜行', '비단옷을 입고 밤거리를 돌아다닌다'라는 뜻의 고사성어죠.

구우일모 고사에서도 언급했던 《한서》에는 항우가 진나라를 멸망시키고 도읍인 함양에 가는 이야기가 등장합니다. 항우는 3세 황제자영을 죽이고 백성들을 학살해요. 그러고는 아방궁을 불태우죠. 아 방궁은 장장 석 달 동안 불탔대요. 게다가 시황제의 무덤까지 파헤 치죠. 항우는 자신보다 먼저 진나라 함양을 점령한 유방과는 아주 대조적인 행동을 보였던 것입니다. 유방은 진나라 왕을 살려두었고, 약탈하지도 않았고, 모든 것을 그대로 두었어요.

항우의 행동을 지켜보던 책사 범증이 나서서 말려 보지만, 막을 수가 없었어요. '눈 아래 보이는 사람이 없다'라는 뜻인 고사성어를 빌려 말하자면 완전 '안하무인眼下無人'이었어요. 항우의 마음속엔 약 탈한 금은보화를 안고 고향인 초나라 강동으로 돌아가고 싶은 생 각뿐이었죠. 이때 한생이 함양의 중심 지역이자 사방이 산과 강으로 둘러싸인 요충지에다가 비옥한 땅인 관중을 도읍으로 정하고 천하 를 호령하라고 말합니다.

하지만 한생의 설득은 항우의 마음을 돌리지 못했어요. 눈에 보이 는 것은 황량한 폐허였으니까요. 항우는 하루빨리 고향으로 돌아가 자신의 성공을 보여 주고 싶을 뿐이었지요. 그래서 항우는 고향이 있는 동쪽 하늘을 보면 이렇게 탄식했다죠.

부귀해졌는데도 고향에 돌아가지 않는 것은 '비단옷을 입고 밤길을 걷는 것'이나 다름없소. 누가 그걸 알아주겠소?

그런데 함양을 초토화한 사람은 항우잖아요. 자기가 망쳐놓고 황량하다고 하는 항우는 결국 초나라로 돌아가는 우를 범하죠. 그래서 한생이 "초나라 사람은 원숭이에게 옷을 입히고 갓을 씌워놓은 것처럼 지혜가 없다"라는 뜻인 '목후이관沐猴而冠'이라고 한탄했답니다. 이 말을 들은 항우는 한생을 삶아 죽였다고 합니다.

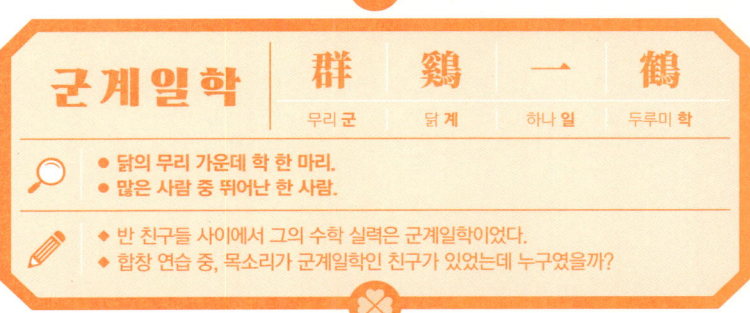

뛰어난 사람은 정말 눈에 띌까

군계일학	群	鷄	一	鶴
	무리 군	닭 계	하나 일	두루미 학

● 닭의 무리 가운데 학 한 마리.
● 많은 사람 중 뛰어난 한 사람.

◆ 반 친구들 사이에서 그의 수학 실력은 군계일학이었다.
◆ 합창 연습 중, 목소리가 군계일학인 친구가 있었는데 누구였을까?

어느 나라, 어느 시대나 정치권력이 부패하면 올곧은 선비들이 세상과 거리를 두고 산림에 묻혀 지내기 마련이에요. 외부의 소음에서 벗어나 학문을 공부하며 부패한 세상과 거리를 두지요.

　조선시대 역사에도 이러한 사례가 있습니다. 대표적으로 '훈구파勳舊派'와 '사림파士林派'의 갈등이 그렇지요. 훈구파는 권력을 쥔 왕과 함께 하는 세력이고, 사림파는 부정부패를 고쳐야 한다는 세력입니다. 훈구파는 태조의 조선 개국과 이후 세조의 왕위 찬탈 과정에서 공을 세운 사람들입니다. 이들은 자신들의 공로를 믿고 사치와 탐욕에 빠지게 되죠. 사림파는 훈구파의 특권 의식을 타파하고 나라를 개혁하고자 했던 사람들이라 생각하면 됩니다. 중종 때 조광조가 대표적인 사림파 선비예요.

사림파가 개혁을 추진하다 보면 기득권층이라고 할 수 있는 훈구파의 공격에 치명상을 입는 경우가 많았어요. 지친 사림파는 벼슬을 마다하고 산림에 은거하며 학문에 열중하죠. 지금부터 함께 알아볼 고사는 이처럼 산으로 간 올곧은 선비에 관한 이야기입니다. 이 얘기는 중국 당나라 시기에 집필된 역사서 《진서》에 나와요.

중국 위진남북조시대 위나라와 진나라의 정권이 교체될 때도 부정부패가 심했습니다. 그래서 조선 사림파처럼 부패한 정치권력을 뒤로하고 숲으로 간 사람들이 있었지요. 그들을 '죽림칠현竹林七賢'이라고 부릅니다. 죽림칠현은 정치권력과 거리를 두고 대나무 숲에 모여 거문고와 술을 즐겼던 현자들을 뜻합니다. 산도, 왕융, 유영, 완적, 완함, 혜강, 상수 등 7명을 말하지요.

이들은 주로 철학 사상 등 세속에서 벗어난 담화인 '청담淸談'을 나누었습니다. 죽림칠현이 추구하는 철학은 유교가 아니라 노자와 장자의 '무위자연無爲自然' 사상이었어요. 무위자연은 도교 철학의 핵심 개념으로 인위적인 간섭 없이 사물의 본성과 이치를 따르는 삶의 태도입니다. 그래서 이들은 자주 기존 유교 질서에 반기를 들었어요. 장례식에 가서 거문고를 연주하거나, 상 중에도 고기를 먹고, 옷을 벗어 던지고, 불효자를 변호하기도 했죠.

죽림칠현 중 혜강은 가장 능력이 뛰어났습니다. 특히 문학에 재능이 많았던 혜강은 끝까지 은둔을 고집하다 왕의 미움을 샀고, 결국 죽임을 당하죠.

혜강에게는 열 살배기 아들 혜소가 있었어요. 혜소는 아버지를 쏙 빼닮은 모습으로 자랐습니다. 죽림칠현 중 은둔을 거두고 벼슬을 하던 산도가 진나라 무제 사마염에게 혜소를 추천해요. 무제는 산도를 크게 신뢰하고 있었기에 의심 없이 혜소를 등용하죠.

처음으로 무제의 부름을 받은 혜소는 그의 아버지 혜강과 함께 대나무 숲에서 놀았던 왕융과 함께 무제를 찾아갔습니다. 궁으로 향하던 길에 그들을 지켜보던 어떤 사람이 갑자기 왕융에게 한마디를 던졌죠.

행인 혜소는 닭의 무리 속에 우뚝 서 있는 두루미 같다.
왕융 그대가 그의 아버지를 못 봐서 그렇게 말하는 거네.

이 일화로부터 평범한 사람들 가운데 뛰어난 사람을 가리킬 때 '군계일학'이라는 표현을 쓰기 시작했습니다.

세상이 하루아침에 달라진다면 어떨까

상전벽해	桑	田	碧	海
	뽕나무 상	밭 전	푸를 벽	바다 해

- 뽕나무밭이 푸른 바다가 됐다.
- 세상이 몰라볼 정도로 크게 바뀌다.

◆ 새 학기가 시작되니 반 분위기가 상전벽해처럼 변했다.
◆ 교실 리모델링 후, 옛날 모습과 달라 상전벽해였다.

2023년 여름, 우리나라에서 '세계스카우트잼버리대회'가 개최되었습니다. 당시 진행이 정말 엉망이어서 국내외 여러 언론에서 많은 비판이 일었죠. 이번 글에서는 잼버리대회의 운영에 관한 촌평을 하려는 것이 아닌, 대회의 개최 장소인 '새만금'을 이야기해 보려고 합니다.

새만금은 바다였습니다. 바다를 메우는 간척 사업으로 육지가 된 곳이죠. 우리나라는 많은 간척 사업을 시행했습니다. 우리나라 지도에서 서해가 예전과 많이 달라진 것도 간척 사업 덕분이죠.

대한민국처럼 인공적으로 자연을 바꾼 사례도 있지만, 의도하지 않게 지형이 바뀐 사례도 있습니다. 2024년 10월에는 〈사하라 사막에 호수가 생겼다〉라는 제목의 해외 뉴스 기사가 올라와 사람들의 눈길을 끌었어요. 사하라 사막은 12개 나라에 걸쳐 있는 세계에서 가장 큰 규모의 사막인데요. 어떻게 호수가 생겼을까요?

자세히 기사를 읽어 보니 지구 온난화로 인한 기상 이변이었습니다. 소나기가 내려 일시적으로 생긴 물웅덩이였죠. 30년에서 50년에 한 번 있기도 힘든 일이었습니다. 만약 정말로 호수가 생겼다면 엄청난 변화였겠지요.

대한민국과 사하라 사막의 사례는 세상의 변화를 보여 주는 사례입니다. 이런 상황을 고사성어로 표현하자면 '상전벽해', '뽕나무밭이 푸른 바다가 됐다'라고 할 수 있어요. 사하라 사막에 호수가 생겼다면 딱 맞는 표현이죠. 그 반대로 새만금은 바다에서 육지가 되었긴 하지만 고사성어를 쓸 만한 상황입니다. 고사성어를 속담으로 변환하면 '십 년이면 강산도 변한다'라고 하지요. 이러한 상전벽해는 중국의 고전 소설 《신선전》의 〈마고 선녀 이야기〉에서 유래했어요. 소설에 나오는 마고라는 선녀는 신선인 왕방평에게 이런 말을 했답니다.

곁에서 모신 이래 동해가 세 번이나 뽕나무밭으로 바뀌는 것을 보았습니다. 이번에 봉래에 갔더니 바다가 다시 얕아져 이전의 반밖에 되지 않았습니다. 또 육지가 되려는 것일까요?

그러자 왕방평이 "그러기에 성인들께서 이르시지 않으셨나? 바다의 녀석들이 먼지를 일으키고 있다"라고 대답했습니다. 이처럼 상전벽해라는 말은 뽕밭이 바다가 되듯 세상이 바뀌는 것을 말합니다.

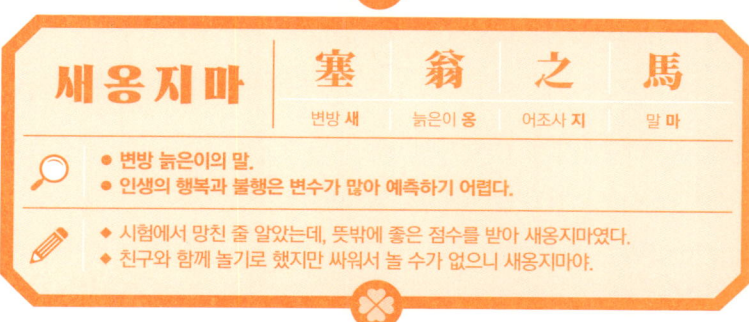

행복과 불행을 예측할 수 있을까

새옹지마	塞	翁	之	馬
	변방 새	늙은이 옹	어조사 지	말 마

🔍
- 변방 늙은이의 말.
- 인생의 행복과 불행은 변수가 많아 예측하기 어렵다.

✏️
◆ 시험에서 망친 줄 알았는데, 뜻밖에 좋은 점수를 받아 새옹지마였다.
◆ 친구와 함께 놀기로 했지만 싸워서 놀 수가 없으니 새옹지마야.

인생을 이야기할 때 꼭 언급되는 고사성어로 '새옹지마'가 있습니다. 행복과 불행은 변수가 많아 예측하기 어렵다는 것을 인생에 빗대는 것이지요. 새옹지마를 직역하면 '변방 늙은이의 말'입니다. 직역만 보았을 때는 뜻을 알기 어렵습니다. 어떻게 새옹지마가 인생에 빗대는 고사성어가 될 수 있었는지 한번 알아볼까요? 《회남자》의 〈인간훈〉을 함께 봅시다.

전쟁이 자주 일어나던 북쪽 변방에 한 노인이 살고 있었어요. 어느 날 그 노인이 기르던 말 한 마리가 재빠르게 도망쳤습니다. 이웃들은 안타까워하면서 "말이 도망가서 어떡합니까", "정말 안됐습니다"라며 노인을 위로했죠. 노인은 아주 덤덤한 표정으로, "글쎄, 이 일이 되레 복이 될지 어찌 알겠습니까"라는 거예요. 당시 아주 큰 재산이었던 말을 잃어버린 사람치고는 너무 덤덤한 반응이었죠.

얼마 뒤 도망쳤던 말이 돌아왔어요. 그런데 혼자가 아니라 야생마 여러 마리를 데리고 왔어요. 노인의 말마따나 복이 된 것이죠. 사람들은 노인에게 "이제 부자가 되셨네요"라며 축하했어요. 이에 노인은 기뻐하기는커녕 담담한 표정을 지으며, "글쎄, 이 일이 재앙이 될지 모르지요"라고 했습니다. 말을 잃어버렸을 때와 같은 태도였지요.

얼마 지나지 않아서 노인의 아들이 말들 가운데서 좋은 말 한 마리를 골라서 타다가 그만 말에서 떨어져 다리를 크게 다쳤어요. 결국 절름발이가 되었죠. 사람들은 아들이 다쳐 절름발이가 된 것을 안타까워하며 위로했어요. 이에 노인은 역시 덤덤하게 "글쎄, 이게 복이 될지 어떻게 알겠어요"라고 대답했어요.

그러고 얼마 뒤 이번엔 오랑캐가 쳐들어왔어요. 나라에서는 전쟁에 참여할 병사를 구하기 위해 마을마다 찾아가 남자들을 데리고 갔어요. 애어른을 가리지 않고 남자라면 다 데려가 전쟁터로 보냈어요. 이들 대부분은 전쟁터에서 죽어 집으로 돌아오지 못했어요. 살아남는 자들도 크게 다쳤습니다. 그 마을은 온전한 사람이 드문 쑥대밭이 되었지요. 하지만 노인의 아들의 운명은 다리가 성치 못해 징집을 피했고, 전쟁터에 나가지 않아 살아남았습니다.

노인의 덤덤함에는 여러 의미가 담겨 있어요. 다리 다쳤다고 절망

할 것이 아니라 도리어 행운이 될 수 있음을 보여 준 것이죠. 살다 보면 한 치 앞을 내다볼 수 없을 정도로 갑작스러운 일들을 만나게 됩니다. 그러니 여러분들도 일희일비하지 않고 새옹지마의 태도로 삶을 살면 마음이 조금 더 편하지 않을까 싶어요.

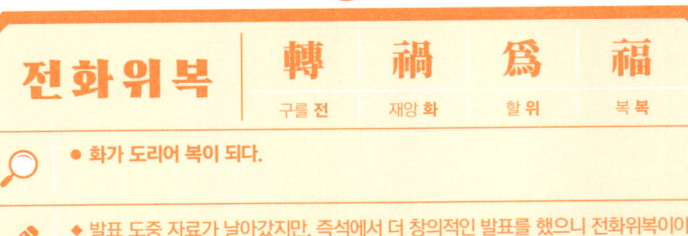

전화위복 | 轉 禍 爲 福
구를 **전** | 재앙 **화** | 할 **위** | 복 **복**

● 화가 도리어 복이 되다.

◆ 발표 도중 자료가 날아갔지만, 즉석에서 더 창의적인 발표를 했으니 전화위복이야.
◆ 비가 와서 운동회가 취소됐지만, 교실에서 영화를 볼 수 있다니 전화위복이네.

무더운 여름에는 시원한 콜라만 한 것이 없습니다. 유명한 콜라 브랜드로는 '코카콜라'가 있지요. 전 세계인이 즐기는 코카콜라가 처음부터 잘 나간 것은 아닙니다. 회사가 망하기 직전에 궁여지책으로 개발했다가 성공한 제품이지요.

코카콜라를 개발한 존 펨버턴은 약제사였습니다. 미국 남북전쟁 때 남부군으로 참전했던 그는 부상 때문에 투약한 모르핀에 중독되어 모르핀 중독자가 되었어요. 전쟁이 끝나고 그는 남북전쟁 이후 후유증에 시달리는 애틀랜타 시민을 돕기 위해 약을 만들기로 결심하고 '약용 와인' 형태의 음료 사업을 시작했습니다. 지금으로 치면 '의약 음료'라고 할 수 있지요. 그런데 1886년, 애틀랜타에서 '금

주법'을 시행하면서 술을 넣은 음료 판매 자체가 금지됩니다. 그래서 펨버턴은 와인 대신 탄산수를 사용한 무알코올 버전을 개발하게 돼요. 그게 코카콜라의 시작이었어요.

펨버턴은 이 콜라를 일종의 '만병통치약'이라고 부르며 홍보했어요. 의약품이 부족했던 시기였던 탓에 검증된 전문 약보다 판매자가 일방적으로 효과가 있다고 주장하는 약품들이 넘쳐났습니다. 펨버턴도 이 대열에 합류한 것이지요.

펨버턴은 콜라를 약으로만 한정하지 않았어요. 당시에는 동네 약국마다 탄산수 제조기로 알려진 '소다파운틴Soda fountain'이 있었는데요. 미국 문화를 상징하는 소다파운틴 앞은 가볍게 음료나 아이스크림을 먹으며 이야기를 나누는 사람들로 늘 붐볐습니다. 펨버턴은 바로 소다파운틴에 코카콜라 원액과 탄산수를 넣어 대중들이 좋아할 음료로 진화시켰어요. 다만 펨버턴의 코카콜라는 판매량이 좋지 못했고 이 권리를 현재 가치로 5500만 원에 팔아버리게 됩니다. 그는 권리를 팔고 몇 달이 지나 위암으로 사망했지요. 그가 사망한 뒤로 코카콜라 컴퍼니가 설립되고, 코카콜라는 미국을 상징하는 청량음료로 급부상했어요.

펨버턴의 말년은 좋지 못했지만, 모르핀 중독자에서 코카콜라를 개발하기까지의 과정은 정말 놀랍습니다. 망할 위기를 딛고 일어서는 모습은 본받을 부분이죠. 이렇듯 망할 위기가 도리어 복을 만들어 주는 것을 '전화위복'이라는 고사성어로 표현합니다. 이 말은 전국시대 합종연횡책合縱連橫策의 종횡가로 유명한 소진이 한 말에서 유래했어요.

합종책은 약자끼리 서로 연합해 강자에게 대항하는 전략이고, 연횡책은 강자가 약자들을 개별로 하나씩 화친을 맺어 약자들이 뭉치지 못하게 하는 전략이에요. 소진은 소위 한, 위, 조, 연, 제, 초 등 6국의 임금을 도운 연횡책을 주도한 인물입니다. 이런 일을 하던 소진이 이렇게 말해요.

옛날에 일을 잘 처리했던 사람은 '화를 바꾸어 복이 되게 하고' 실패한 것을 바꾸어 공이 되게 했다.

소진의 말처럼 코카콜라는 위기에서 복을 창출한 신화를 만들었잖아요. 위기라고 그냥 손 놓고 있지 말고 끊임없는 노력과 강인한 의지로 힘쓰면 이처럼 불행을 복으로 만들 수 있어요.

7장

한걸음 더
나아가는 도전

재능은 어떻게 드러나는 것일까

낭중지추	囊	中	之	錐
	주머니 낭	가운데 중	갈 지	송곳 추

🔍
- 주머니 속의 송곳.
- 재능이 뛰어난 사람은 숨어 있어도 저절로 드러난다.

✏️
- ◆ 수학 경시대회에서 평소 조용하던 학생이 낭중지추처럼 돋보였다.
- ◆ 운동회에서 뛰어난 달리기 실력은 낭중지추로 자연스럽게 드러났다.

《사기》에 따르면 전국시대 진나라 군대가 한단을 포위하자 조나라 혜문왕은 다급한 마음에 동생 평원군 조승을 초나라에 파견해서 동맹을 맺으려 했습니다. 평원군은 평소 선비들을 아껴서 본인의 집을 내어 주고 공부할 수 있도록 머물게 했던 사람인데요. 그래서 선비들을 위해 집안에 늘 식객들을 들였습니다. 식객의 수가 많을 때는 3000명에 달했다고 합니다. 평원군은 초나라에 함께 갈 용기 있고 문무의 덕을 갖춘 식객 20명을 뽑으려고 했어요. 평원군은 식객이 많으니 20명은 쉽게 뽑을 것이라고 생각했습니다만 쉽지 않았어요. 19명까지는 뽑았는데 단 한 명을 채우지 못했습니다.

이때 모수라는 식객이 나섰어요. 자기도 함께 가겠다고 스스로를 추천하죠. 여기서 '부끄러움 없이 자신을 내세우다'라는 뜻의 고사성어 '모수자천 毛遂自薦'이 유래했습니다. 평원군이 모수에게 식객이 된 지 얼마나 되냐고 묻자 모수는 3년이라고 답하니 평원군은 이렇게 물어요.

평원군 무릇 현명한 선비의 처세는 주머니 속에 있는 송곳 같아서 당장에 그 끝이 드러납니다. 선생은 나의 문하에 있은 지 3년이나 되었는데도 좌우에서 칭찬하는 사람이 없고 나도 들은 적이 없으니, 선생은 뛰어난 사람이 아니므로 그냥 있으시오.

모수 저는 오늘에서야 저를 주머니 속에 넣어달라고 청합니다. 제가 일찍부터 주머니 속에 넣어 주셨다면 송곳의 자루까지도 밖으로 나와 있었을 것입니다.

이렇게 해서 모수는 스무 번째 식객으로 발탁되어 함께 초나라로 가요. 힘겹게 동맹 협상을 시작하지만 잘 풀리지 않자, 동행자들은 모수를 협상 자리에 내세웁니다. 칼을 찬 채 협상장에 들어간 모수는 화를 내며 나가라는 초나라의 왕과 맞서 싸우기 시작했어요. 초나라 사람이 자리에 아무리 많아도 왕의 목숨은 자신에게 달려 있다고 협박하죠. 왕은 모수의 용기에 마음을 바꿔 결국 동맹을 맺게 됩니다. 조나라로 돌아온 평원왕은 모수가 세 치 혀로 백만의 군대보

다 더 강함을 만들었다며 극찬했다죠. 모수의 말대로 자리를 마련해
주니 재능을 펼치는 모습을 보고 낭중지추라고 합니다.

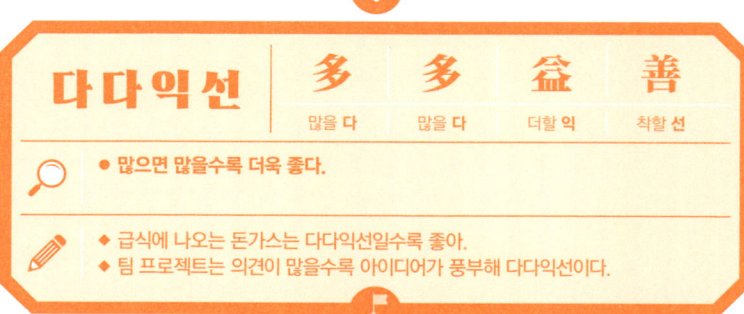

한신은 왜 군사가 많이 필요하다고 했을까

다다익선	多	多	益	善
	많을 다	많을 다	더할 익	착할 선

- ● 많으면 많을수록 더욱 좋다.

- ◆ 급식에 나오는 돈가스는 다다익선일수록 좋아.
- ◆ 팀 프로젝트는 의견이 많을수록 아이디어가 풍부해 다다익선이다.

국립현대미술관 과천관 로비에는 들어서자마자 압도될 수밖에 없는 작품이 있습니다. 이 작품은 고 백남준 작가의 비디오아트인 〈다다익선The More, The Better〉이에요. 수많은 텔레비전 수상기가 골뱅이처럼 나선형으로 쌓여 있는 작품입니다. 다다익선은 작품의 제목이기도 하지만 고사성어이기도 한데요. 작품 제작에 얽힌 뒷이야기에 큰 의미가 있습니다.

1988년에 설치된 이 작품은 처음에 텔레비전 300여 대만 쓰기로 했어요. 그런데 작품 설계에 참여한 건축가 김원이 300대로는 턱도 없고 1000대는 있어야 한다고 했지요. 백남준 작가는 1000대 정도 쓰자면서 "많으면 많을수록 좋지"라고 답했습니다.

그렇게 해서 10월 3일 개천절을 의미하는 텔레비전 1003개를 쌓아 작품을 완성했다고 하죠. 작품 이름도 백남준 작가가 한 말에서 따와 다다익선으로 지었다고 하네요.

다다익선의 고사도 이와 비슷해요. 《사기》의 〈회음후열전〉에 한나라 고조 유방이 대장군 한신과 여러 장군의 능력에 관해 이야기를 나누는 장면이 있어요. 유방이 한신에게 "장군은 내가 몇 명의 군사를 거느릴 수 있다고 보오"라고 물어요. 한신은 "폐하께서는 그저 10만 명을 거느릴 수 있을 것입니다"라고 했죠. 유방의 기분은 보나 마나 상했을 것입니다. 그래도 유방은 화를 꾹꾹 누르며 "그럼 그대는 어느 정도 거느릴 수 있소?"라고 물으니 한신은 이렇게 답해요.

한신 신은 많으면 많을수록 좋습니다.

유방 그대는 '많으면 많을수록 좋다'면서 어째서 내게 사로잡혔소?"

한신 폐하께서는 병사를 거느리지 못하지만 장수는 잘 거느리십니다. 이것이 바로 제가 폐하께 사로잡힌 까닭입니다. 또 폐하는 이른바 하늘이 주신 거지 사람의 힘으로 되는 게 아닙니다.

이에 대한 한신의 대답이 걸작입니다. 한신의 대답은 우리에게 이런 질문을 던집니다. '많으면 많을수록 좋은 것은 언제나 옳을까'라고 말이지요. 숫자만 늘어난다고 더 나아지는 것은 아닙니다. 백남준의 〈다다익선〉도 텔레비전이 많다고 의미가 깊어진 게 아니라, '그

많음에서 새로운 질서를 만들어 낸 것'이 중요했죠. 한신의 말도 같은 뜻이에요. 다다익선은 단순히 양을 자랑하는 말이 아니라, 많음을 다스릴 수 있는 힘을 말합니다. 생각이 많을수록, 사람이 많을수록, 의견이 많을수록 오히려 혼란스러워질 수도 있죠. 결국 중요한 것은 '많음'이 아니라, 그 많은 것을 어떻게 조화롭게 이끄느냐예요. 그래서 다다익선은 오늘날 우리에게 이렇게 말하는 것인지도 몰라요. "많이 가지는 것도 좋지만, 그보다 더 중요한 것은 그것을 다스리는 지혜다"라고 말이지요.

단기지계 | 斷 機 之 戒

끊을 **단**   베틀 **기**   어조사 **지**   경계할 **계**

- 짜고 있던 베를 자르다.
- 공부를 중간에 그만두면 아무 쓸모 없다.

◆ 시험 하루 전 벼락치기 공부는 단기지계일 뿐이다.
◆ 급하게 준비한 발표 자료는 단기지계로 끝날 가능성이 높아.

한나라 유향이 여성들의 활약상을 모아 편찬한 《열녀전》에는 맹자의 어머니에 관한 이야기가 있어요. 맹자 어머니는 아들 교육에 남다른 정성을 쏟았지요. 심지어 맹자 어머니는 앞에서 알아본 고사성어 '맹모삼천'의 주인공으로도 등장할 정도로 유명합니다.

우리 역사에서 맹자 어머니와 비슷한 어머니로는 조선시대 명필 한석봉의 어머니가 있습니다. 한석봉은 10년을 공부하기로 약속하고 떠난 지 4년 만에 집으로 돌아옵니다. 어머니가 보고 싶었던 거예요. 그러자 어머니는 아들을 어떻게 설득해서 다시 공부하러 보낼까 궁리하다가 그 유명한 세기의 대결을 펼쳐요. 호롱불을 끈 어둠 속에서 한석봉은 글씨를 쓰고, 어머니는 떡을 써는 내기를 벌인 것이죠. 어둠 속에서 한석봉이 쓴 글씨는 삐뚤빼뚤했고, 어머니가 썬 떡은 가지런했습니다. 한석봉은 지고 말았죠. 이러한 일이 있고 나서 한석봉은 더욱 공부에 매진해서 조선의 명필이 됩니다.

맹자의 어머니도 한석봉의 어머니처럼 현명한 사람입니다. 맹자는 어릴 적 스승을 찾아가 공부하다가 집으로 돌아갔어요. 한석봉처럼 어머니와 집이 그리웠겠지요. 그때 마침 맹자의 어머니는 베틀에 앉아 베를 짜고 있었다고 해요.

뜻밖에 아들의 모습을 본 맹자 어머니는 반기기는커녕 "배움이 어느 정도 되었느냐?"라고 공부 진도부터 물었어요. 맹자는 겸손하게 "특별하게 나아진 것이 없습니다"라고 대답해요. 맹자 어머니는 아들의 말을 곧이곧대로 듣고 버럭 화를 내더니, 그 자리에서 짜고 있던 베틀의 베를 잘라버려요. 맹자는 놀라기도 하고 무섭기도 해 안절부절하고 있었지요. 그러자 맹자 어머니는 이렇게 말해요.

네가 공부를 그만두는 것은 내가 짜던 베를 자른 거와 같으니라. 배움이 쌓이면 이름을 세우고, 견문을 넓히면 지혜로워지는 법이니라. 공부를 그만두면 남의 부림에서 벗어날 수 없고, 재앙과 근심에 휩싸이는 어리석은 사람이 되느니라.

맹자도 한석봉처럼 정신을 바싹 차리고 다시 학문에 정진했고, 그 결과 공자 다음가는 성인이 되었어요. 단기지계의 고사처럼 역시 모든 일은 끝까지 해야 빛을 보는 듯합니다.

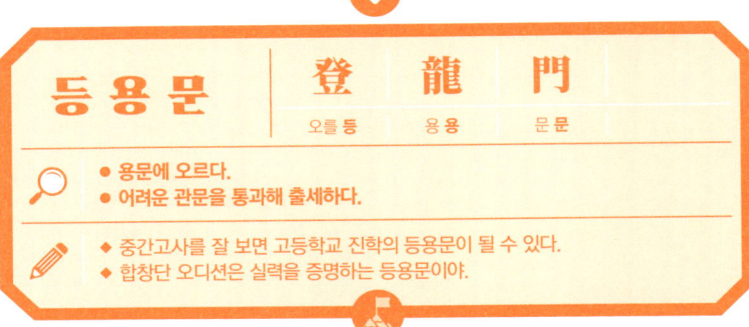

잉어는 어떻게 용이 될 수 있을까

등용문	登 龍 門
	오를 등 용 용 문 문

🔍 ● 용문에 오르다.
   ● 어려운 관문을 통과해 출세하다.

✏️ ◆ 중간고사를 잘 보면 고등학교 진학의 등용문이 될 수 있다.
   ◆ 합창단 오디션은 실력을 증명하는 등용문이야.

누구나 '출세出世'를 꿈꿉니다. 출세를 문자 그대로 해석하면 '세상에 나오다'라는 뜻입니다. 그런데 사람들은 '출세'라 쓰고 '성공'이라 읽어요. 국어사전도 "사회적으로 높은 지위나 신분에 오르거나 유명하게 됨"으로 풀이하고 있죠.

사회적 배경이 전혀 없는 가난한 사람이 출세하면 '개천에서 용 났다'라고 합니다. 이 말은 열심히 노력하면 누구나 성공할 수 있다는 말이에요. 여기서 '용'은 출세를 상징하는 동물이지요. 용은 가상의 동물이지만 개천에 사는 잉어가 변해서 용이 된다는 이야기도 있습니다. 미리 '출세'와 '용' 이야기를 언급한 것은 이번에 살펴볼 고사성어를 이해하는 데 큰 도움이 되는 이야기이기 때문이에요.

'등용문'이란 고사성어는 미래가 창창한 여러분과 매우 가까운 고사성어입니다. 이 고사성어는 후한의 역사를 다루는 《후한서》의 〈당고열전〉에 나오는 이응이라는 사람의 이야기에서 탄생했습니다. 이응이 활약하던 후한 시대는 황제 주변에서 시중을 드는 환관들이 장악한 권력을 마구 휘두르는 때였어요. 환관들이 설친다는 것은 정치가 정상적이지 않다는 것입니다. 관료들은 살아남기 위해 환관들의 눈치를 살펴야 했고, 때로는 이들과 결탁하는 등 여러 과정이 얽혀 정치는 어지러워지죠.

이응은 이런 어지러운 세상인데도 고결함을 유지하는 선비였습니다. 《후한서》에는 "선비로서 그가 맞이해 준 사람을 이름해서 등용문이라고 했다"라는 구절이 나와요. 찾아온 손님을 만나 주는 것만으로 '등용문'이라 하지는 않았겠죠. 이 구절을 위한 해설도 책에 딸려 있어요.

황하 상류에 가면 용문이란 협곡이 있대요. 용문은 물살이 빠르고 세기로 유명해 잉어들은 보통 거슬러 오르지 못한다고 하지요. 그런데도 그 협곡에 큰 잉어들이 수없이 모여들어 거슬러 오르기에 도전했대요. 오르는 데 성공하면 그 잉어는 '용'이 된다는 전설이었어요.

이렇듯 이응의 '용접'은 곧 '추천'을 의미하는 말로, 그가 추천한 사람은 용문에서 뛰어올라 용이 되는 잉어처럼 출세한다는 뜻입니다.

당나라 시기에 '시성詩聖'으로 불리는 그 유명한 시인 두보도 시에서 등용문을 시어로 썼다고 하죠. 여러 차례 과거에 도전했지만 실패하자 자신의 신세를 "잉어가 문을 오르지 못하는 듯하다"라고 했다네요. 그런데 두보가 과거에 급제하지 못한 것은 실력이 없어서가 아니라 당나라 현종 때 최악의 간신 이임보의 농간 때문이었습니다.

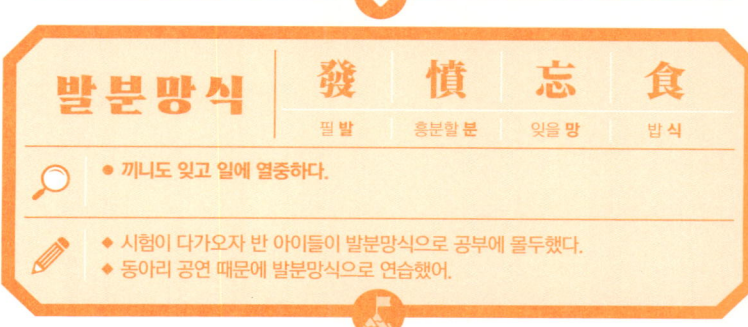

배고픈 것도 잊고 공부할 수 있을까

발분망식 | 發 憤 忘 食
필 발　흥분할 분　잊을 망　밥 식

🔍 ● 끼니도 잊고 일에 열중하다.

✏️ ◆ 시험이 다가오자 반 아이들이 발분망식으로 공부에 몰두했다.
◆ 동아리 공연 때문에 발분망식으로 연습했어.

어떤 것에 몰입하다 보면 다른 무엇도 듣거나 보지 못하는 경우가 있습니다. 주변 사람들은 일부러 그런다며 오해하기도 하죠. 저 또한 이런 경험이 있습니다. 텔레비전에서 평소 관심이 있는 주제에 관한 방송을 방영한다거나, 집필하려고 몰입할 때면 온전히 저만의 세상에 빠지게 되죠. 그런데 이런 핀잔을 받으면 조금 민망해서 "너희가 '발분망식'을 알아?"라는 말로 상황을 모면하곤 해요.

발분망식을 글자 그대로 풀이하면 '분발해서 무언가 할 때는 먹는 것조차 잊는다'라고 할 수 있습니다. 몰입한 탓에 핀잔받은 상황을 이보다 더 정확하게 설명할 수 있을까 싶죠.

발분망식은 《논어》에서 비롯된 고사성어예요. 〈술이〉를 보면, 공

자가 어떤 사람인지 궁금했던 초나라 관료 심제량(섭공)이 공자의
제자 자로에게 공자에 관해 묻습니다. 자로는 바로 대답하지 못했어
요. 어떤 사람에 대해 말하는 것은 쉬운 일이 아니었거든요. 갑자기
이런 질문을 받으면 말문이 막히기 마련이죠. 더욱이 자기 스승에 대
한 것이라면 더욱 당황스럽죠. 자칫 잘못 말했다간 말하지 않는 것
보다 못한 것이 되는 수가 있거든요. 아마 자로가 대답하지 못하고
머뭇거린 것은 이런 이유 때문일 것입니다.

시간이 지나고 공자는 자로와 심제량 사이에 있었던 일을 알게 됩
니다. 그러자 공자는 자로에게 핀잔을 주며 이렇게 자신이 어떤 사
람인지를 설명해요.

그대는 어찌 말하지 않았느냐. 그 사람 됨됨이는 학문에 한 번 마음
을 두면 끼니조차 잊고, 즐기느라 근심도 잊고, 늙음이 자신에게 다가
오는 것조차 알지 못한다고 해야 하는 것이 아닌가.

공자의 자기소개이지만 학문에 임하는 자세가 구도자를 닮았죠?
식욕이나 근심을 잊을 만큼 집중력을 발휘한다면 이루지 못할 일이
없겠다 싶네요. '몰입'이라는 단어의 가치를 새삼 생각하게 하고요.

'공부하느라 먹는 것조차 잊다'라는 '발분망식'은 '즐기느라 근심
도 잊다'라는 '낙이망우樂以忘憂'와 함께 활용되기도 해요. 여러분도
이런 핀잔을 받으면 발분망식 고사를 떠올려 보길 바랍니다.

듣는 것보다 보는 것이 정말 확실할까

백문불여일견 | 百 聞 不 如 一 見

일백 **백**　들을 **문**　아닐 **불**　같을 **여**　한 **일**　볼 **견**

- 백 번 듣는 것이 한 번 보는 것만 못하다.
- 남의 말을 듣고 짐작하기보다 직접 보는 것이 더 확실하다.

- ◆ 교과서로만 배우지 말고 직접 현장을 보자. 백문불여일견이니까.
- ◆ 과학 선생님은 백문불여일견이라며 실험실로 학생들을 불렀다.

인터넷에서 물건을 살 때는 제품 리뷰나 사용 후기 또는 댓글 같은 것들을 참고합니다. 맛집을 찾을 때도 비슷하지요. 그런데 이렇게 참고해도 만족스러운 결과를 얻기가 힘든 듯해요.

그렇다면 왜 만족하지 못하는 것일까요? 아마 수집한 정보가 '사실'과 다르기 때문입니다. 우선 제품 사진을 보자마자 마음이 간다면 구매에 관한 고민 따위는 하지 않게 됩니다. 잘 찍은 사진이 사고 싶은 욕구를 자극한 것이죠. 추가로 마케팅 작업이 의심되더라도 칭찬으로 가득한 후기를 보면 자연스럽게 제품을 구매하게 됩니다. 마우스를 쥔 손은 이미 결제 버튼을 누르지요.

현관 앞에 도착한 박스를 뜯어 제품을 확인하면 설렘은 분노로

변합니다. '이게 아닌데'라거나, '후기와는 전혀 딴판이잖아'라고 생각하다가 "백 번 좋다는 말 들어 본들 한 번 보는 것만 못해"라는 말을 하게 됩니다.

여기서 "백 번 좋다는 말 들어 본들 한 번 보는 것만 못해"라는 말을 고사성어로 표현하면 '백문불여일견'입니다. 이 고사성어는 《한서》의 〈조충국전〉에 고사로 등장합니다.

중국 전한 시기에 유목민이었던 강족이 흉노족과 힘을 합해 한나라를 공격했어요. 한나라 선제는 어사대부 병길더러 일흔 살의 노장군 조충국에게 강족을 치기 위한 적임자가 누군지를 물어보고 오라고 명합니다. 이에 조충국은 서슴없이 대답해요.

이 늙은 신하보다 나은 사람이 없습니다.

조충국이 스스로를 추천하자 황제가 강족 상황은 어떠하고 군사는 몇 명이나 필요한지를 다시 물어보고 오라고 해요. 그러자 조충국이 대답해요.

백 번 듣는 것이 한 번 보는 것만 못 합니다. 군사는 멀리서 판단하기 어렵습니다. 신이 바라건대, 말을 달려 금성으로 가서 지형을 보고 방략을 세우겠습니다.

조충국의 말에 감명받은 선제는 조충국의 주장을 받아들였습니다. 조충국은 바로 변방으로 가서 직접 그곳을 살펴보고 일 년 동안 머무르며 강족의 반란을 평정했다고 해요. 직접 보고 상황을 살피는 것이 여러모로 낫다는 것을 증명한 셈입니다.

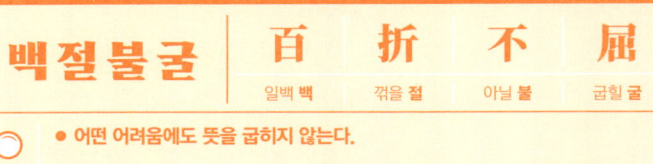

성공한 사람들은 어떤 태도를 지녔을까

백절불굴 | 百 折 不 屈

일백 백 | 꺾을 절 | 아닐 불 | 굽힐 굴

 ● 어떤 어려움에도 뜻을 굽히지 않는다.

◆ 발표 연습이 힘들었지만, 그는 백절불굴로 완벽하게 마쳤다.
◆ 축구 경기에서 지고도 백절불굴의 정신으로 다음 경기를 준비했어.

마법사 이야기를 다룬 소설《해리 포터》는 소설로 유명하지만 영화도 많이 알려져 있습니다. 이 이야기를 쓴 작가 J. K. 롤링의 삶도 소설처럼 마법 같아요. 가정 폭력을 당하는 동안 몰래 소설을 썼던 작가는 온갖 불행과 싸우면서도 소설 쓰기를 멈추지 않아요. 그러면서 제인 오스틴의 소설《오만과 편견》같은 다른 작가들의 작품도 부지런히 읽었지요. 그러던 어느 날 맨체스터에서 탄 런던행 기차에서 순간 떠오른 영감으로《해리 포터》를 구상했대요.

롤링의 성공은 어떤 어려움이 닥쳐도 끝까지 포기하지 않는 '끈기'의 정신이 아닌가 싶어요. 이런 롤링의 자세를 고사성어로 표현하면 '백절불굴'이에요. '백 번 꺾여도 굽히지 않는다'라는 의미의 백절불굴은 《후한서》에 실린 교현이라는 관리의 이야기에서 비롯됐어요.

교현은 청렴하고 강직할 뿐 아니라 악을 원수처럼 미워하는 사람이었어요. 법을 어긴 부하는 즉각 사형에 처할 정도였대요. 아무리 법을 어겼을지라도 부하라면 인간적인 정이 작용할 만도 한데 전혀 그렇지 않았어요.

죄에 대해서는 그 어떤 예외도 없이 곧이곧대로 처리하는 교현이 태중대부라는 직책을 맡은 개승의 범죄를 적발했어요. 황제와 가깝다는 지위를 이용해서 백성들을 착취한 거예요. 교현에게 개승은 황제와 가깝다 한들 범법자는 범법자일 뿐이었지요. 교현은 개승을 처벌하라는 상소를 올리지만 황제는 꿈쩍도 하지 않아요. 아무리 상소해도 응답이 없자 교현은 벼슬을 그만둡니다. 황제가 나중에 다시 벼슬을 내렸지만 응하지 않았죠.

이런 일도 있었어요. 교현의 어린 아들이 강도에게 붙잡히자 관병들이 구출하러 가서는 강도를 포위만 할 뿐 아무런 대응을 하지 못했어요. 교현의 아들이 다칠 수도 있으니 조심스러웠던 것이죠. 하지만 교현은 관병들에게 지금 내 아들의 안위를 생각하다 날뛰는 강도들을 놓칠 셈이냐고 다그쳤다고 해요. 결국 교현의 아들은 강도에게 살해돼요.

교현이 죽은 후 채옹이라는 인물이 '태위교공비太尉喬玄碑'라는 비문을 지어요. 여기에 "백 번 꺾일지언정 휘어지지 않았고, 큰 절개에

임해서는 빼앗을 수 없는 풍모를 지녔다"라고 써요.

성공한 사람들의 이야기를 들어 보면, 모두 백절불굴의 정신으로 이뤄냈음을 알 수 있죠. 여러분들도 백절불굴의 정신으로 가지고 있는 목표를 타협하지 않고 밀고 나가서 이루었으면 합니다.

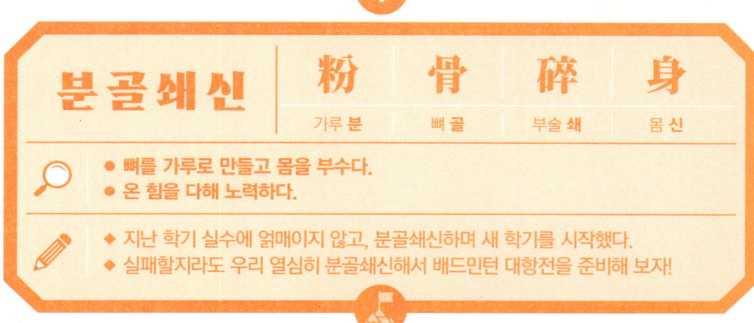

노력이란 무엇일까

분골쇄신	粉	骨	碎	身
	가루 분	뼈 골	부술 쇄	몸 신

● 뼈를 가루로 만들고 몸을 부수다.
● 온 힘을 다해 노력하다.

◆ 지난 학기 실수에 얽매이지 않고, 분골쇄신하며 새 학기를 시작했다.
◆ 실패할지라도 우리 열심히 분골쇄신해서 배드민턴 대항전을 준비해 보자!

나름대로 열심히 공부하다가 잠시 쉬려고 게임을 할 때가 있습니다. 꼭 그런 상황에서는 부모님의 잔소리를 듣게 되지요. "하라는 공부는 안 하고, 허구한 날 게임만 하니" 같은 말을 들으면 기분도 좋진 않습니다. 이런 말을 들으면 하던 공부도 하기가 싫어져요. 잔소리보다는 "게임도 잠시 하면서 쉬었다가 공부하렴" 같은 말을 들으면 오히려 '양심'이 작용해서 공부를 더 하게 되지는 않을까요.

부모님이 잔소리하는 이유는 죽을힘을 다해도 원하는 바를 이루기가 힘든 것이 현실이기 때문입니다. 우리가 이번에 볼 고사성어는 '죽을힘을 다해'라는 말과 관련이 있어요. 저 말을 고사성어로 바꾸면 '분골쇄신'입니다. '뼈가 가루가 되고 몸이 부서지다'라는 뜻이죠.

이 고사성어는 당나라 때 장방이 쓴 전기소설 《곽소옥전》에서 비롯됐어요.

소설의 남자 주인공이자 지방 명문가 출신인 이익은 과거 시험을 보려고 수도 장안에 머무르고 있었어요. 이때 유명한 기생 곽소옥을 만나 사랑에 빠집니다. 그러나 첩의 딸인 곽소옥은 이익과의 신분 차이 때문에 함께 할 수 없게 되진 않을까 걱정해요.

더욱이 이익이 과거에 급제해서 지방관리라도 임명된다면 이별을 해야 했지요. 그렇게 되면 이익도 결국 자신을 잊을 것 같아 불안했어요. 곽소옥은 이런 불안감을 이익에 털어놓았고, 이익은 이런 곽소옥을 달래고 안심시키기 위해 이런 말을 하죠.

내 평생소원을 오늘에서야 이루었는데, 몸이 부서져 뼈가 가루가 되더라도 그대를 버리지 않을 것을 약속하오.

이익의 다정한 약속에 곽소옥은 믿었습니다만 결말은 비극입니다. 이익은 어머니가 미리 정한 사람과 결혼해야 해서 곽소옥과 연락을 끊죠. 곽소옥은 이익을 사모하다 병까지 걸렸답니다. 이를 안타깝게 본 주변 사람은 두 사람의 만남을 주선했고, 결국 만나게 돼요. 하지만 곽소옥은 이익 앞에서 그의 배신을 울부짖다 죽어요. 그리고 곽소옥의 귀신이 평생 이익을 괴롭히는 것으로 소설은 끝납니다. 분골쇄신의 의미는 좋지만, 고사성어가 나온 배경은 조금 씁쓸하네요. 그래도 분골쇄신하는 태도는 삶에서 큰 도움이 됩니다. 노력은 배신하지 않는다는 말이 있을 정도니까요.

티끌로 태산을 만들 수 있을까

십시일반 | 十 匙 一 飯
열 십 | 숟가락 시 | 한 일 | 밥 반

- 밥 열 숟가락이 한 그릇이 된다.
- 여러 사람의 작은 힘을 한데 모으면 큰 힘이 된다.

◆ 반 친구들이 십시일반으로 모은 돈으로 어려운 친구를 도왔다.
◆ 동아리 활동도 십시일반으로 모두가 조금씩 힘을 내면 성공할 수 있어.

해마다 연말연시가 되면 전국 곳곳에 '사랑의 온도탑'이 세워집니다. 사랑의 온도탑이란 사회복지공동모금회가 주관하는 '희망 나눔 캠페인'이지요. 목표액이 1퍼센트 모일 때마다 1도씩 올라, 목표 금액을 다 채우면 100도가 됩니다. 100도가 되면 어려운 이웃들에게 모인 돈을 나누어 주지요. 사랑의 온도탑은 단순한 기부 모금 활동이 아닌 서로를 돌아보고 연대하는 응원 활동이기도 합니다. 고 이어령 문화부 장관은 "바람은 자꾸 추워지고 길은 얼음으로 위태로운 한겨울에도 자꾸만 높은 눈금으로 올라간다"라며, 사랑의 온도탑을 '이상한 온도계'라 부르기도 했지요. 이 온도탑은 우리 사회 나눔 문화의 상징으로 자리 잡았습니다. 한 사람이 기부한 거금보다 여러 사람의 정성을 조금씩 모아서 큰 힘을 만들어 내는 것도 가치 있다는 것을 보여 주는 행사예요. 구세군 냄비도 마찬가지고요.

요즘엔 디지털 시대답게 SNS에서 이런 나눔 문화가 '스마트'하게 펼쳐지고 있어요. 디지털 나눔 문화는 아날로그적 상상을 뛰어넘는 방식으로 진행돼요. 댓글을 달면 댓글 하나에 얼마씩 기부한다거나, 자금이 부족한 스타트업의 아이디어를 믿고 여러 사람이 펀딩하듯 돈을 모아 주는 등 다양한 방식으로 이루어집니다. 어떤 회사는 사원증을 키오스크에 찍으면 일정 금액이 기부되는 캠페인을 진행하기도 했습니다. 그런데 꼭 돈으로만 하지도 않아요. 재능이나 물건도 나눔의 대상입니다. 아마 우리 삶에 필요한 것이라면 거의 모든 것이 기부의 대상이 되는 듯해요.

이런 아름다운 문화를 고사성어로 '십시일반'이라고 합니다. 십시일반을 직역하면 '밥 열 숟가락이 한 그릇 된다'입니다. 풀이하면 '여러 사람의 작은 힘을 한데 모으면 큰 힘이 된다'라는 의미지요.

십시일반은 여느 고사성어와 달리 우리 고유의 속담에서 비롯된 말입니다. 고사성어 대부분이 중국 고전이나 역사에서 비롯되었는데요. 이런 점에서 십시일반은 특별한 구석이 있습니다.

십시일반의 유래는 절에서 시작되었습니다. 절은 늘 정해진 식구만큼만 공양(供養, 음식)을 짓는 전통이 있어요. 그런데 절도 인간이 사는 곳인지라 예기치 않게 손님이 찾아올 수 있잖아요. 참 곤란하게도 공양할 때 찾아오는 경우도 있겠지요. 손님을 위해 밥을 따로 짓기도 그렇고, 대접하지 않을 수도 없는 상황을 두고 절에서는 이 문제를 해결하는 지혜가 있었어요. 한 사람의 공양 그릇에서 한 숟가락씩 덜어내 열 사람 것을 모아서 한 그릇을 만들었던 것이죠.

우리의 속담을 모은 정약용의 《여유당전서》에 이런 이야기가 나와요. "열 그릇 밥에서 한 숟가락씩 덜어내면, 도로 밥 한 그릇을 이룬다", 즉 작은 힘이라도 모으면 큰 힘이 된다는 뜻입니다. 이런 십시일반의 정신이 승화돼 오늘의 나눔 문화가 탄생한 것이 아닐까요.

고난을 이겨내는 각오란 어떤 것일까

와신상담	臥	薪	嘗	膽
	누울 와	섶 신	맛볼 상	쓸개 담

- 불편한 섶에서 누워 자고 쓸개 맛을 보다.
- 원수를 갚기 위해 갖은 고난을 이겨내다.

- 경시대회에서 떨어진 후 와신상담으로 실력을 키웠어.
- 동아리 활동에서 실패했지만 와신상담으로 다시 도전했다.

누구에게나 살면서 한 번쯤은 위기가 찾아옵니다. 제가 겪었던 위기 중 하나는 대학 입학시험에서 낙방한 경험이에요. 발표 당일에도 수석 소감을 운운하며 호기를 부렸던 터라 충격이 컸어요. 떨어질 것이라고는 생각도 못했거든요. 자신감이 넘쳤지요. 그래서 다른 대학 시험은 생각도 하지 않고 곧바로 상경해 재수를 했습니다. 재수 생활은 정말 힘들어서 많은 인내심을 발휘하며 견뎌야 했지요. 그런데 저는 뜻이 맞는 친구들과 좋은 환경 대신 오히려 어려운 환경을 스스로 만들어 견디기로 했습니다. 부모님께서 구한 하숙집 대신 독서실에서 숙식을 해결하며 공부했어요. 책상에서 자며 책과 씨름했지요. 이를테면 '와신상담'한 것입니다.

와신상담이란 '섶에 누워 쓸개를 맛보다', 풀이하면 '원수를 갚기 위해 갖은 고난을 이겨내다'라는 의미입니다. 섶은 나무줄기 비슷한 것이지요. 즉, 와신상담이란 거친 바닥에 누워 쓴 쓸개 맛을 보는 매우 힘든 상황을 견디며 이겨내는 굳건한 태도를 말합니다.

와신상담은 원나라의 증선지가 편찬한 역사서인 《십팔사략》에서 유래한 고사성어입니다. 앞서 언급한 오나라와 월나라 이야기지요. 이 두 나라 이야기를 할 때 갈등이 있었다고 했는데요. 당시에 오나라 왕 합려가 월나라에서 상을 치르는 틈을 이용해서 쳐들어갔다가 결국에 월나라 왕 구천에게 패해요. 이때 합려가 활에 맞아 죽기 전에 아들 부차에게 월나라의 원수를 절대 잊지 말라고 당부해요.

부차는 아버지의 원수를 갚기 위해 갖은 노력을 다했어요. 그러면서 매일 밤 가시가 많은 섶에 누워 쓸개를 맛보면서 잠을 청했어요. 그러면서 부차는 드나드는 주위 사람들에게 "부차야, 너는 월나라 왕이 아버지를 죽인 것을 잊었느냐"라고 외치게 했어요. 그러면 부차는 "아니오, 절대 잊지 않았어요!"라고 대답하면서 이를 갈았어요.

부차는 어려움을 이겨내 힘을 길러 월나라를 침공하고 원수를 갚아요. 재미있는 것은 부차에게 진 월나라 왕 구천 또한 오나라에서 겪은 치욕을 잊지 않기 위해 방 천장에 쓸개를 매달아 놓고 매일 핥으면서 "너는 회계산의 치욕을 잊었냐"라며 복수를 다짐했대요. 물론 구천도 결국 부차를 자결하게 만들어 복수에 성공했습니다.

이 두 사람의 이야기가 우리에게 알려 주는 것은 단순한 복수의 성공담이 아니에요. 오히려 끈기와 인내가 얼마나 큰 힘을 발휘하는지 그리고 목표를 잊지 않기 위해 스스로를 어떻게 단련했는지가 핵심이지요.

와신상담은 흔히 '원수를 갚기 위해 갖은 고난을 이겨내다'라는 긍정적인 뜻으로 쓰이지만, 어떤 목표를 향해 인내하는지가 더 중요하다는 교훈도 남깁니다. 분노나 복수심이 아니라, 더 나은 미래와 성장이라는 올바른 목표라면 인내는 귀한 자산이 되겠지요. 우리 역시 어려움 속에서 방향을 잃지 않고 스스로를 다듬을 때, 그 인내가 결국 가장 큰 힘으로 돌아온다는 사실을 기억하면 좋겠습니다.

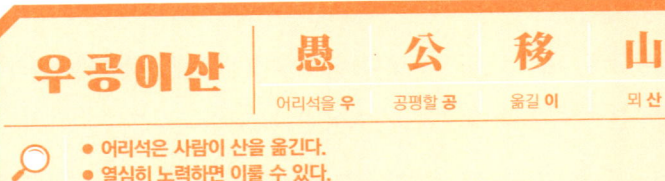

노력만으로 목표를 이룰 수 있을까

우공이산 | 愚 公 移 山
어리석을 우   공평할 공   옮길 이   뫼 산

- 어리석은 사람이 산을 옮긴다.
- 열심히 노력하면 이룰 수 있다.

- ◆ 매일 조금씩 공부하며 성적을 올리는 것은 우공이산의 정신이다.
- ◆ 운동 실력이 느려도 꾸준히 연습하면 우공이산처럼 성장할 수 있어.

신선의 기풍을 지닌 당나라의 천재 시인 이백은 어릴 때 상의산에서 공부하다 포기하고 산 밑으로 내려가던 중 냇가에서 바위에 도끼를 갈던 노인을 만납니다. 이백은 노인더러 무엇을 하냐고 물었고, 노인은 바늘을 만들려고 도끼를 간다고 했죠.

도끼로 바늘을 만들겠다니 어딘가 이상하지요? 이백도 기가 막혔는지 노인에게 그 도끼가 언제 바늘이 되겠느냐고 물었습니다. 그러자 노인은 태연하게 중간에 그만두지 않으면 된다고 답해요. 노인의 대답에서 큰 깨달음을 얻은 이백은 다시 산으로 올라가 열심히 공부해 당대 최고의 시인이 됐습니다. 당나라의 역사서 《당서》에 실린 이 고사로 '마부작침磨斧作針'이라는 고사성어가 탄생했습니다.

이번에 함께 알아볼 고사성어 또한 마부작침과 비슷한 의미를 가진 고사성어입니다. '우공이산', 도가 사상가 열자의 책 《열자》에서 유래한 고사성어를 함께 살펴봅시다.

북산에 어리석은 노인이 살고 있었어요. 우공은 집 앞에 우뚝 서 있는 태항산과 왕옥산을 보며 늘 불만을 토로했어요. 산이 풍경을 가릴 뿐만 아니라, 어디를 가려고 하면 빙 둘러서 갈 정도로 불편했기 때문이었지요.

아흔 살의 우공은 저 두 산을 옮기면 불편함을 덜 수 있겠다고 생각해서 가족들과 함께 산의 돌을 깨고 흙을 파서 삼태기에 담아 한 번 오가는 데 1년이 걸리는 발해에 버렸다고 해요. 이를 지켜본 절친한 친구였던 지혜로운 노인은 우공이 딱했는지 우공에게 "이미 나이가 아흔이 넘었으니, 산을 허물기도 전에 죽을 수도 있네"라며 만류했어요. 우공은 껄껄 웃으며 이렇게 말했습니다.

내 걱정은 말게나. 나야 늙었지만 나에게는 자식도 있고 손자도 있네. 내가 죽으면 아들이, 아들이 죽으면 손자가, 그 손자가 죽으면 그 자식이 자식을 낳아 자자손손 한없이 대를 잇겠지만 산은 더 불어나는 일이 없지 않은가. 그러니 언젠가는 평평하게 될 날이 오겠지.

현실적으로 불가능한 일이지만 고사는 두 산이 옮겨진 것으로 끝

납니다. 그의 노력에 감동한 옥황상제가 거인인 두 아들을 시켜서
두 산을 들어 옮기게 했다고 하네요.

  우공이산 고사는 허무맹랑하긴 하다만, 노력하는 자에게 희망이
있다고 말합니다. 포기하지 않으면 모든 것을 이룰 수 있듯, 여러분
들도 태산처럼 큰 고민을 노력해서 해결하면 고민 뒤에 있는 찬란한
목표에 닿을 수 있을 거예요.

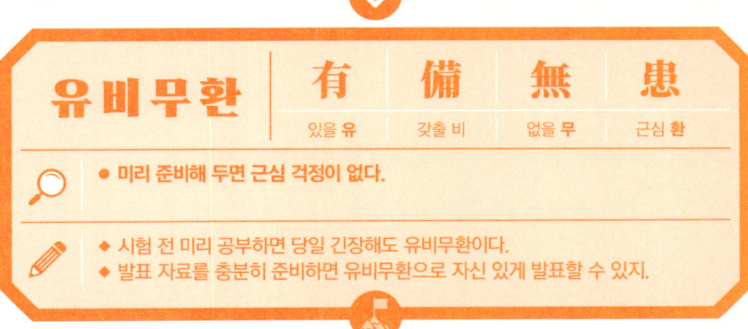

왜 준비를 해야할까

유비무환	有	備	無	患
	있을 유	갖출 비	없을 무	근심 환

● 미리 준비해 두면 근심 걱정이 없다.

◆ 시험 전 미리 공부하면 당일 긴장해도 유비무환이다.
◆ 발표 자료를 충분히 준비하면 유비무환으로 자신 있게 발표할 수 있지.

크고 작은 재난은 재산상의 피해는 물론이고 수많은 사람의 생명을 앗아가는 커다란 문제입니다. 우리나라에서도 많이 발생했죠. '세월호', '이태원', '오송' 참사 등이 대표적입니다. 참사가 발생하면 꼭 미리 대비하지 않아 생긴 사람에 의해 발생한 재난이라는 말이 꼭 나옵니다. 신경 써서 미리 대비했다면 막을 수 있었다고 말이지요.

그러나 사고 이후의 모습은 변한 것이 하나도 없습니다. 말은 많은데, 여전히 사고 원인조차 제대로 규명되지 않았지요. 유가족들은 가족을 잃은 슬픔에 마음 놓고 크게 울지도 못하고 거리를 헤매면서 왜 이런 일이 일어났는지 이유라도 알고 싶다고 절규하고 있습니다. 이 도돌이표 같은 무심함을 어떻게 극복할 수 있을까요?

참사가 발생하기 전에 미리 사고를 대비해야 합니다. 아무리 인간의 힘으로 막을 수 없는 자연재해도 대비하면 피해를 줄일 수 있어요. 이런 상황에서 입버릇처럼 쓰는 고사성어는 《춘추좌씨전》에서 유래한 '유비무환'입니다.

춘추전국시대 진나라 군주 도공에게 사마위강이라는 뛰어난 신하가 있었어요. 춘추전국시대답게 여러 나라들이 얽히고설켜 서로 싸우던 와중에 정나라가 진나라 동맹국인 송나라를 침공했어요. 그러자 사마위강은 수완을 발휘해 주변 나라들을 설득해 연합군을 꾸려 정나라 군대에 맞서 위기에서 벗어났죠.

위기를 넘긴 도공은 사마위강을 불러 크게 칭찬하고는 송나라에서 받은 많은 금은보화의 절반을 주겠다고 해요. 그러자 사마위강은 사양하면서 도공 앞에 엎드려 이렇게 말합니다.

편안할 적에 위기를 생각하면 그에 맞춰 대비하게 되며, 그런 대비가 되어 있으면 근심 걱정이 사라지게 됩니다.

사마위강은 국방을 위해 쓰라는 의미로 사양했습니다. 물론 도공은 그렇게 했습니다. 이것이 유비무환의 정신이죠. 여러분들도 항상 무엇이든 대비하는 습관을 기른다면 공부를 포함해서 두려운 것이 없어질 거예요.

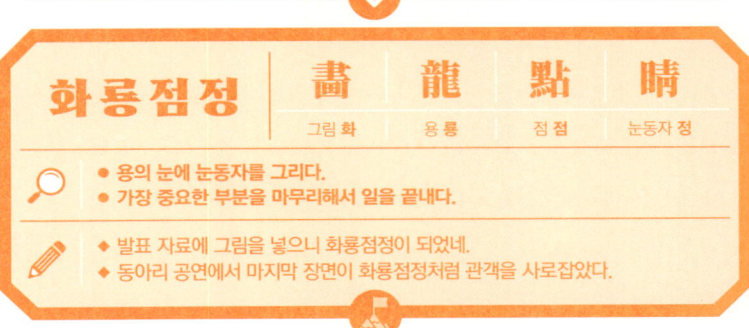

작은 한 점으로 전부를 바꿀 수 있을까

화룡점정	畵	龍	點	睛
	그림 화	용 룡	점 점	눈동자 정

🔍
● 용의 눈에 눈동자를 그리다.
● 가장 중요한 부분을 마무리해서 일을 끝내다.

✏️
◆ 발표 자료에 그림을 넣으니 화룡점정이 되었네.
◆ 동아리 공연에서 마지막 장면이 화룡점정처럼 관객을 사로잡았다.

2024년 파리올림픽 여자 양궁 단체전 결승전에서 우리나라와 중국은 승부를 겨루었습니다. 4세트까지 4대 4로 동점이어서 마지막으로 승자를 가리는 방식인 '슛오프'를 해야 했어요. 슛오프는 실력도 중요하지만 대범해야 합니다. 선수 3명이 화살 1발씩, 총 3발을 쏘아서 총합 점수가 높은 팀이 승리하는 것이 규칙인데요. 만약 여기서도 점수가 같으면 10점을 더 많이 쏜 팀이 이깁니다. 대범해야 하는 이유는 여기에 있어요.

슛오프에서 중국은 27점, 우리나라는 두 선수의 화살이 9점과 10점 사이에 걸쳐 있었고 다른 한 선수는 9점을 맞추었습니다. 하지만 두 점수 사이에 걸친 화살은 10점으로 인정되어 우리나라는 29점을 얻게 되었어요. 이 경기에서 우리나라 여자 양궁 대표팀은 중국을 꺾고 올림픽 10연패를 달성합니다. 전무후무한 기록이지요.

경기 과정도 압권이었지만 시상식에서 우리 선수들의 세레머니도 특히 인상적이었어요. 선수들은 오른손 검지로 만든 '1' 자 옆에 동그란 금메달로 '0' 자를 이어 붙여 '10' 자를 만들었습니다. 세 선수가 각각 만든 '10' 자를 이으면 '텐텐텐'이 돼요. 이는 양궁 점수를 뜻하기도 하지만 우리나라 양궁의 10연패를 상징하기도 합니다. 이렇게 양궁 단체전 선수들이 마지막을 멋진 세레머니로 마무리하는 것처럼 중요한 일을 해서 어떤 일을 완성하는 것을 고사성어로 '화룡점정'이라고 해요. '책을 내며'에서 하다 만 이야기를 마저 하죠.

중국 당나라의 미술사학자 장언원이 지은 《역대명화기》에 화룡점정 고사가 나와요. 화룡점정 고사는 양나라의 전설적인 화백 장승요의 이야기입니다.

양나라에 장승요라는 화가가 그림을 너무도 잘 그려 풀을 그리면 벌레가 기어들어 오고, 나무를 그리면 새가 날아와 앉을 정도였대요. 어느 날 그의 명성을 들은 난징의 안락사 주지가 그에게 용을 그려 달라고 부탁해요. 장승요는 벽에다 용 네 마리를 그렸죠. 그런데 다 그렸다는 용의 눈에 눈동자가 없었어요. 궁금해서 사람들이 그에게 물었더니 이렇게 말했어요.

눈동자를 그리면 용이 하늘로 날아갑니다.

　사람들은 그의 말을 믿지 않았어요. 그래서 장승요는 변명을 콧등으로라도 듣지 않으려는 사람들에게 자기 말이 사실임을 증명하려고 용 두 마리의 눈에 점을 찍어 눈동자를 그려 넣었어요. 그런데 정말로 눈동자를 그린 용이 하늘로 날아갔대요. 물론 눈동자를 그리지 않은 다른 두 마리 용은 그대로 그림으로 남아 있었다고 해요.

8장

눈앞의 것에
속지 않는 지혜

급한 불만 끈다고 해결이 될까

고식지계 | 姑 息 之 計

시어미 **고** 아이 **식** 갈 **지** 셈할 **계**

🔍
- 부녀자나 어린아이가 꾸미는 계책.
- 임시방편으로 당장 편한 것만을 택하는 꾀나 방법.

✏️
- 숙제를 대충 하고 넘어가는 건 고식지계다.
- 과제를 반쪽만 완성하는 것은 고식지계일 뿐이다.

유교의 경전인 《예기》의 〈단궁〉에는 증자의 이야기가 나옵니다. 《예기》는 공자가 죽은 뒤 그의 제자들이 삼대의 예악과 의례를 집대성할 생각으로 편집한 책입니다. 증자는 공자의 사상을 충실하게 계승한 제자인데, 두 사람의 나이 차가 마흔여섯 살이나 되었기에 공자와 함께 공부할 수 있었던 시간은 적었지요. 그래서인지 공자는 생전에 그를 어리석고 둔하다는 의미인 '노둔'하다고 평가했어요.

어느 날 증자는 병을 앓고 위독해졌습니다. 그의 두 아들과 제자 그리고 촛불 든 어린아이가 병상을 지켰지요. 어린아이는 증자가 깔고 누운 대자리를 보고는 이렇게 말해요.

화려하고 아름답습니다. 대부의 대자리네요.

어린아이의 당돌한 지적에 제자가 화들짝 놀라 그만두라고 어린 아이를 막았어요. 그러나 증자는 노나라 대부인 계손이 준 것이라며, 제자에게 대자리를 바꾸라고 하죠. 대부는 춘추전국시대에 있었던 높은 신분입니다. 대자리는 대부의 직위 정도는 되어야 사용할 수 있지요. 그런데 증자는 대부가 아니었습니다. 혹시 고작 대자리를 가지고 그러냐고 할지 모르지만, 공자의 가르침에서 예법은 매우 중요해요. 제자는 다음 날 아침이 되면 그러겠다며 바꾸지 않으려 해요. 아마도 병이 위독해 오늘 밤을 넘기지 못할 듯해서 한 말일 것입니다. 그러자 증자는 제자에게 이렇게 말해요.

네가 나를 사랑하는 것이 저 아이만 못하구나. 군자는 덕으로 사람을 사랑하고, 소인은 '고식姑息'으로 사랑한다. 내가 어느 것을 구해야겠느냐. 나는 바름을 얻고 죽으면 그만이다.

이에 스승의 마음을 제대로 깨달은 제자가 서둘러 증자를 부축해 대자리를 바꾸었어요. 하지만 증자는 도로 자리에 누워 안정을 취하기도 전에 숨을 거두죠. 이 대목에서 증자의 인품이 어떤지 알 수 있지요. 그가 공자의 제자 중 으뜸으로 꼽히는 것도 당연하다는 생각이 들어요.

여기서 소인이 사람 사랑하는 방법인 '고식'이란 단어에 주목해 봐요. 시어미 고姑 자는 '부녀자', 아이 식息 자는 '자식'을 뜻하는 한자어예요. 이 단어에는 부녀자나 자식이 낸 계책은 믿을 수 없다는 가부장적 사고가 깔려 있죠. 그래서 고식지계는 임시방편의 꾀라는 의미입니다.

'언 발에 오줌 누기'라는 속담 들어 봤죠? 발이 꽁꽁 얼었는데, 이를 해결할 방법이 없었어요. 그러자 급한 마음에 오줌이라도 발에 누어서 따뜻한 기운을 주었지요. 오줌은 체내에서 나오므로 따뜻하잖아요. 하지만 결과는 어떨까요? 오줌이 발에 닿는 동안은 따뜻함이 있을지 몰라도 이내 온데간데없이 사라지게 됩니다. 언 발이 녹기는커녕 되레 더 얼어붙죠. 고식지계는 이런 상황을 표현할 때 사용하는 고사성어입니다.

왜 빠른 길보다 바른 길을 골라야 할까

곡학아세	曲	學	阿	世
	굽을 **곡**	배울 **학**	언덕 **아**	세상 **세**

🔍
- 학문을 왜곡해서 세상에 아첨하다.
- 바르지 못한 생각으로 세속의 인기에 맞추려고 애쓰다.

✏️
- 전교 1등의 눈치만 보며 공부법을 바꾸는 것은 곡학아세다.
- 선생님들에게 곡학아세할 거라면 차라리 싸우겠어.

출세에 눈이 멀어 소신이나 학문을 헌신짝처럼 팽개치는 사람들이 종종 있습니다. 그런 행태를 지적하면 그런 말을 하지 않았다며 시치미를 떼니 웃기죠. 출세가 아무리 좋아도 그렇게까지 해야 할까요. 이런 부류의 사람에게는 사마천이 쓴 역사서 《사기》의 〈유림열전〉에 나오는 '원고생' 이야기를 들려주면 좋을 것 같습니다.

전한 문제의 부인인 효문황후는 노자의 글을 즐겨 읽었습니다. 어느 날 효문황후는 노자의 글에 관해 물으려고 《시경》에 정통해 박사가 된 원고생을 불렀어요. 그런데 원고생의 입에서 뜻밖의 대답이 나왔습니다.

그것은 보잘것없는 하인들이 좋아하는 말일 뿐입니다.

정통 유학자인 원고생의 입에서 도가를 폄하하는 솔직한 대답이 나왔어요. 당황한 효문황후는 몹시 화가 났습니다. 효문황후는 말버릇이 고약한 늙은 원고생을 죽게 할 요량으로 낡은 칼 한 자루를 건네며 사나운 멧돼지와 싸워 보라고 하죠. 원고생은 멧돼지를 한칼에 쓰러뜨렸습니다. 놀라 입이 벌어진 태후가 더 이상 원고생의 죄를 묻지 않았다고 해요.

사실 여기엔 원고생의 청렴하고 올곧은 성품을 높이 산 효문황후의 아들 경제의 역할이 있었습니다. 그는 원고생에게 예리한 보검을 주었지요. 혹시 원고생에게 변고가 생기면 안 된다고 생각한 것이죠.

존경받는 인물이었기에 경제의 아들 무제가 아흔 살이 넘은 그를 중용하게 됩니다. 조정에는 난리가 났어요. 젊은 학자 출신 공손홍이 특히 못마땅해했어요. 이에 원고생이 공손홍에게 한마디 하죠.

지금 학문의 올바른 길이 어지러워져 속설이 유행할 지경이네. 결국 전통 학문은 이로써 본래의 모습을 잃고 말 걸세. 그대는 젊고 학문을 좋아하니 올바른 학문을 세상에 널리 펼쳐 주길 바라네. 자기가 믿는 학설을 굽혀 이 세상 속물들에게 아첨하는 일이 있어서는 안 되네.

원고생의 말은 학문하는 사람이라면 오로지 배운 대로 실천하라는 의미에요. 출세를 위해 자기가 배운 학문마저 뒤집어 세상에 아부하지 말라는 준엄한 충고죠. 그는 원고생의 제자가 되어 훌륭한 학자로 거듭났다고 합니다.

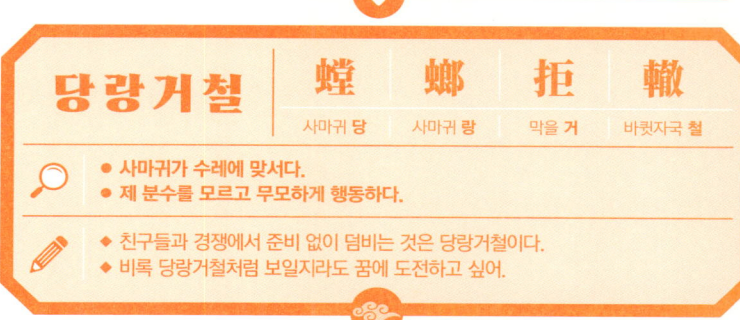

무모한 도전과 용감한 행동의 차이는 무엇일까

당랑거철	螳	螂	拒	轍
	사마귀 **당**	사마귀 **랑**	막을 **거**	바큇자국 **철**

🔍
- 사마귀가 수레에 맞서다.
- 제 분수를 모르고 무모하게 행동하다.

✏️
◆ 친구들과 경쟁에서 준비 없이 덤비는 것은 당랑거철이다.
◆ 비록 당랑거철처럼 보일지라도 꿈에 도전하고 싶어.

우리 사회엔 거대한 악에 맞서 의롭게 싸우는 '공익신고자'들이 있어요. 엄청난 용기를 낸 이들의 행동에 국민은 박수를 보내면서도 한편으론 매우 안타까워하죠. 제아무리 진실이 이긴다지만 워낙 큰 권력과 맞서기에 무모한 것이 아니냐는 것이 솔직한 심정입니다. 이런 상황을 잘 설명해 주는 고사성어가 '당랑거철'이에요. 중국의 다양한 학문 유파의 내용을 담은 《회남자》의 〈인간훈〉을 한번 함께 보면서 당랑거철을 알아봅시다.

하루는 제나라 장공이 수레를 타고 가고 있었어요. 그런데 웬 벌레 한 마리가 나타나 수레바퀴를 향해 앞발을 치켜들었답니다. 무슨 벌레인지 궁금했던 장공은 수레를 멈추게 하고는 마부에게 물어요.

> **마부** 저건 '사마귀'인데, 무엇이든 제 앞에 있으면 저 날카로운 앞발을 들고 서 있습니다. 융통성이 없어 가로막기만 할 뿐 도무지 뒤나 옆으로 움직이지 않는 놈입니다.
>
> **장공** 만일 저게 사람이라면 당연히 무서운 용사일 것이다.

장공은 이렇게 말하더니 사마귀에게 경의를 표하고 수레를 돌려 지나갔다고 하죠. 이 일화는 도가 사상의 책인 《장자》의 〈천지〉에도 나와요. 장여면은 계철에게 이런 이야기를 했다고 해요. 어느 날 노나라 왕이 자신에게 가르침을 청하자, 그는 몇 번 사양하다가 이렇게 말했다고 합니다.

> **장여면** '반드시 공손하게 행동하고 공정하며 곧은 사람을 발탁해서 사심이 없게 하면 백성은 자연히 유순해질 것입니다'라고 말했습니다. 이 말이 과연 맞는지 모르겠습니다.
>
> **계철** 당신의 말을 제왕의 덕과 비교하면 마치 사마귀가 팔뚝을 휘둘러 수레에 맞서는 것 같아서 도저히 감당해 내지 못할 것입니다.

껄껄 웃으며 내놓은 계철의 대답은 의례적 충고가 제왕의 분노처럼 되레 화를 입을 수 있음을 경계한 것이었죠. 즉 장여면의 행동은 '하룻강아지 범 무서운 줄 모르는 행동'이란 것입니다. 당랑거철이라는 고사성어가 딱 맞는 상황이죠.

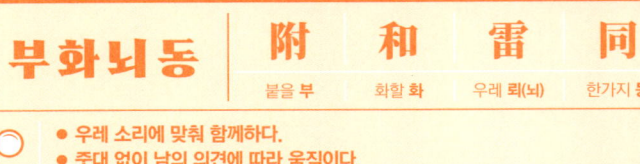

다수의 의견은 꼭 옳을까

부화뇌동	附	和	雷	同
	붙을 부	화할 화	우레 뢰(뇌)	한가지 동

- 우레 소리에 맞춰 함께하다.
- 줏대 없이 남의 의견에 따라 움직이다.

◆ 나쁜 짓을 하는 친구의 행동을 따라 하는 것은 부화뇌동이야.
◆ 토론은 부화뇌동하지 말고 자신의 의견을 내놓는 것부터 시작되는 것이지.

대한민국의 소설가 한강이 2024년 노벨문학상 수상자로 선정되었습니다. 우리나라의 첫 노벨문학상 수상자지요. 이 수상은 엄청난 역사적 사건이기도 합니다. 그런데 한강의 수상 뉴스가 나온 이후 한강의 책을 읽기는 힘들어졌습니다. 크고 작은 서점에서 보유한 한강의 책들이 동났기 때문이에요. 도서관에서 책을 빌리려고 해도 몇 주는 넘게 기다려야 하는 상황이 이어졌습니다. 한강의 책을 펴낸 출판사에서는 다시 책을 인쇄하느라 진땀을 뺐을 테죠. 어떤 출판평론가는 천만 부는 너끈히 판매될 것이라고 예상하기도 했습니다.

예전에 MBC의 〈느낌표〉라는 프로그램에서 '책책책, 책을 읽읍시다!'라는 코너가 화제였는데요. 국민 MC 유재석이 진행했습니다. 이

코너에서 읽을 만한 책을 추천한다며 어떤 책을 들고 흔들면 그 책은 다음 날 밀리언셀러(백만 부 이상 판매)가 되었죠.

이런 열풍 속에는 꼭 읽어야겠다고 다짐하며 책을 구매한 사람이 대부분이겠지만, 누군가 구매하니 덩달아 사는 사람도 있을 것입니다. 물론 책은 사는 것만으로도 좋은 일이지요. 언젠가 볼 수도 있잖아요. 비판하려는 의도는 전혀 없습니다만, 이번에 함께 볼 고사성어는 이런 상황을 잘 설명합니다. 이렇게 타인의 의견에 휩쓸려 행동하는 경우를 '부화뇌동'이라고 합니다.

글자 그대로 해석하면 '천둥소리에 맞춰 함께 한다'라는 뜻입니다. 천둥소리가 울리면 모든 소리가 묻히게 됩니다. 이는 내 소리는 온데간데없고 모든 소리가 천둥소리처럼 된다는 뜻이지요. 결국 내 소리가 곧 천둥소리이므로 나의 줏대와 상관없이 천둥소리에 따라 움직이는 것을 의미합니다. 부화뇌동은 《예기》의 〈곡례〉에 나와요.

너의 용모를 바르게 하고 말을 들을 때는 반드시 공손히 하라. 남의 의견을 자기 의견인 것처럼 하지 말고, 남의 의견에 무조건 동조하지 마라. 반드시 옛것을 본보기로 삼고 선왕의 일을 본받아라.

공자도 《논어》의 〈자로〉에서 "군자는 화합하지만 부화뇌동하지 않고, 소인은 부화뇌동하지만 화합하지 않는다"라고 했어요. 중국 법가 사상의 책 《한비자》의 〈설림〉에는 "미친 사람이 동쪽으로 달리면 뒤쫓는 사람도 동쪽으로 가고, 그들이 동쪽으로 달려간 것은 같지만 이루고자 한 것은 다르다"라고 했어요. 이렇듯 줏대 없이 남이 하는 대로 따라 하는 것을 바로 부화뇌동이라고 해요.

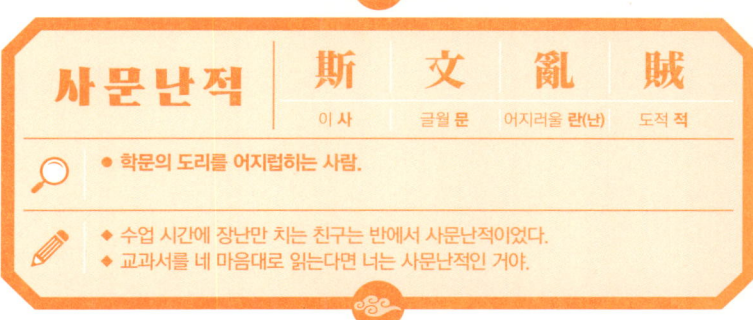

사문난적 | 斯 文 亂 賊
이 사 | 글월 문 | 어지러울 란(난) | 도적 적

● 학문의 도리를 어지럽히는 사람.

◆ 수업 시간에 장난만 치는 친구는 반에서 사문난적이었다.
◆ 교과서를 네 마음대로 읽는다면 너는 사문난적인 거야.

대한민국의 '역사' 교과서는 항상 논란의 중심이었습니다. 누가 대통령이 되느냐에 따라 정권의 이념에 맞지 않는다며 역사 교과서를 함부로 고치려는 시도들도 이어졌지요. 대일항쟁기를 두고 벌어지는 논쟁도 있지요. 우리 민족과 나라의 정체성마저 부정하려는 심각한 상황입니다.

교과서를 보고 공부해야 하는 청소년의 입장은 정말 난처합니다. 잘못된 것을 고치는 것은 당연하겠지만 자기주장을 강화하기 위해 역사적 사실마저 왜곡하고 비틀어 내놓은 억지 해석은 곤란하지요. 이런 정치적 논란을 보고 있으면, 조선시대 때 건국이념인 '성리학'을 두고 벌이던 논쟁이 떠오릅니다.

숙종 때 서인 중 남인에 대한 강력한 탄압을 주장했던 노론의 상징적인 인물인 송시열이 《논어》를 독자적으로 해석한 윤휴에게 가한 주홍 글씨 같은 고사성어가 있습니다. 그것은 바로 이번에 알아볼 고사성어인 '사문난적'입니다. 어려운 말이긴 하지만 풀이하자면 '사문을 어지럽힌 도적'이에요. 여기서 '사문斯文'은 당시 절대 권위를 가진 《논어》입니다. 당시 '사문'이라고 말하면 으레 사람들은 《논어》로 받아들였어요. 공자는 《논어》의 〈자한〉에서 이런 말을 해요.

하늘이 장차 사문을 없애려고 하면 뒤에 죽을 내가 사문에 간여하지 않았을 것이다. 하늘이 이 사문을 없애지 않으니, 광匡 사람이 나를 어찌하겠는가?"

여기에는 '사문'이란 말만 있고 '난적亂賊'이란 표현은 없어요. 아마도 훗날 사람들이 붙였던 것으로 예상됩니다. 조선시대에는 사문난적으로 몰리면 목숨을 부지하기 어려울 정도였어요. '역적'으로까지 취급받을 정도니까요.

송시열이 윤휴에게 했다는 말은 의미심장해요. 주자가 모든 학문의 이치를 이미 밝혀 놓았는데, 윤휴가 감히 자기 의견을 내세워 억지를 부리다니 정말로 사문난적이라는 말입니다. 송시열의 말을 보면 성리학에 대한 주자의 해석 말고 다른 의견은 용납할 수 없다는 얘기죠. 북벌北伐을 주장한 개혁적인 인물이었던 윤휴는 이런 당쟁을 이겨내지 못하고 나중에 유배지에서 사약을 받아 죽습니다.

역사는 사실만을 기록해야 하지만, 생각을 주장하는 것은 다른 문제입니다. 내 생각과 다른 것을 용납하지 못하는 닫힌사회는 겉으로는 멀쩡해 보이나 앞을 보지 못하는 아둔한 사회입니다. 의견을 자유롭게 표현하는 열린사회가 돼야 하지 않을까요? 그렇지만 사실을 다른 생각으로 바꾸어서는 안 됩니다. 역사 교과서를 입맛대로 바꾸는 것처럼 학문을 어지럽히는 행위는 정말 사문난적이지요.

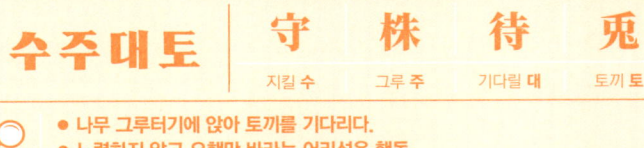

요행을 바라는 것은 왜 문제일까

수주대토	守	株	待	兎
	지킬 수	그루 주	기다릴 대	토끼 토

- 나무 그루터기에 앉아 토끼를 기다리다.
- 노력하지 않고 요행만 바라는 어리석은 행동.

- 운동회에서 연습 없이 이길 생각만 하는 건 수주대토다.
- 가만히 서서 수주대토하지 말고 친구들과 함께 과제를 해 봐.

제가 어릴 때 살던 집의 앞마당에 감나무 두 그루가 있었어요. 어느 날 감나무에서 툭 하고 홍시 한 알이 떨어졌지요. 처음엔 관심이 없었지만, 심심하기도 해서 감나무 아래에서 떨어진 홍시를 주워 먹었답니다. 그런데 너무 맛있는 거예요. 그날부터 감나무 밑에서 홍시가 떨어지기를 하염없이 기다렸어요. 아버지께서는 보다 못해 장대로 홍시를 따서 주셨고, 이 일로 홍시를 따서 먹을 수 있다는 것을 알게 되었지요. 이번에 볼 고사성어도 비슷한 내용입니다. '나무 그루터기에 앉아 토끼를 기다린다'라는 뜻인 '수주대토'예요. 《한비자》의 〈오두〉에 들어 있는 얘기입니다.

송나라에 밭농사를 짓던 농부가 있었어요. 얌전하기는 한데 머리는 둔한 편이었어요. 날이 새면 으레 밭에 나가서 일하다 해가 지면 돌아와 쉬었어요. 단순한 생활을 보내던 사람이었지요.

그러던 어느 날 농부는 밭갈이하다 나무 그루터기에 앉아 쉬고 있었어요. 그때 토끼 한 마리가 쏜살같이 달려오다 밭 한가운데에 있는 나무 그루터기를 들이받았지 뭐예요. 다가가서 보니 토끼는 목이 부러져 죽어 있었어요.

농부는 횡재를 했어요. 손 하나 까딱하지 않고 토끼를 잡은 셈이니, 이보다 더 행복할 수 없었죠. 농부는 그 토끼를 가지고 집에 돌아가 맛있게 요리해서 배불리 먹었어요.

이날 이후 농부의 생활이 바뀌었어요. 해가 뜨면 어김없이 밭에 나갔다가 해가 지면 돌아오던 농부였지만, 이제는 밭에서 일은 하지 않고 온종일 멍때리기만 하는 거예요. 그러자 마을 사람들이 달라진 농부에게 그 이유를 물었어요. 농부는 신이 나서 이렇게 말해요.

저는 여기서 토끼가 나타나길 기다리고 있습니다.

무슨 소린지 몰라 어리둥절해하는 마을 사람들에게 농부는 저간에 있었던 일을 자세하게 설명했어요. 그러자 마을 사람들이 농부더러 허황한 생각을 하지 말고 예전처럼 열심히 일하라고 충고했지요. 그래도 미련이 남아 있던 농부는 며칠을 더 기다려요. 하지만 기다리던 토끼가 오지 않는다는 것을 알게 된 농부는 어리석음에서 벗어났다고 해요.

홍시 이야기와 토끼 이야기로 알 수 있는 것은 요행만 바라면 아무것도 바뀌는 것이 없다는 점입니다. 그러니 원하는 것이 있다면 직접 움직이며 목표를 향해 부단히 노력하고 애쓰는 것이 가만히 있는 것보다는 나을 거예요.

올바른 길을 찾는 것은 왜 중요할까

연목구어	緣	木	求	魚
	인연 **연**	나무 **목**	구할 **구**	물고기 **어**

🔍
● 나무에 올라 물고기를 구하다.
● 잘못된 방법으로 목적을 이루고자 하다.

✏️
◆ 시험 범위를 잘못 공부하면 연목구어다.
◆ SNS에서 친구들이 인기 있는 콘텐츠를 올린다고 따라 하는 연목구어가 되지 말자.

예전에 잘 아는 한 젊은 친구가 도와달라며 저를 찾아왔어요. 지금 개발하는 앱이 완성되면 곧바로 일확천금할 수 있다며 자금을 투자해 달라는 목적이었지요. 이런 경우 십중팔구 거짓일 가능성이 크다는 것을 알지만, 시간을 내어 먼 길까지 온 성의를 생각해서 자초지종을 들었습니다. 그는 '지금 앱 개발이 거의 완성 단계이며, 마무리 작업을 위해 자금이 필요하다'라고 말하며 부탁했어요. 저는 그에게 본인이 'IT 기술'을 가지고 있는지, '어떤 사람'과 일하는지 물었습니다. 기습적인 질문에 놀란 그는 낭패감이 든다고 말했어요. 대부분 완성 시기와 수익률을 물었기 때문입니다.

도움을 구하던 당시, 그는 기술이나 자금 중 그 어떤 것도 준비된 것이 없다고 했어요. 그런데도 이미 앱을 개발한 사람처럼 행동했죠. 이런 상황을 빗대 '연목구어'라는 고사성어로 표현할 수 있습니다. 방법이 하나도 없어 '나무에 올라 물고기를 구한다'라는 것이지요.

고사를 살펴보기 전에 '인연 연緣' 자가 왜 '오르다'로 해석하는지부터 설명해야 할 듯싶네요. 연 자는 '실 사糸' 자와 '판단할 단彖' 자가 합쳐진 한자입니다. 단 자의 본뜻은 '둘레를 감다'라는 의미지요. 그렇기에 연 자는 '실을 따라 잇다'라고 해석할 수 있습니다. 고대 중국어(상고한어)에서는 따라간다는 동작이 발전해 '따라 올라가다'라는 뜻으로도 사용되었습니다. 《논어》나 《맹자》 같은 고문헌에서도 이처럼 쓰인 예가 있지요. 따라서 연목구어의 연 자는 인연의 연이 아닌 따라 오른다는 동작의 의미로 사용된 것입니다. 그럼 연목구어가 나온 《맹자》의 〈양혜왕〉을 함께 봅시다.

왕도정치의 이상을 설파하려고 천하를 돌아다니던 맹자는 제나라 선왕을 만나자 뜻이 통할 수 있다는 생각에서 선문답을 나눴어요. 맹자는 선왕에게 "대왕의 대망은 무엇입니까?"라고 물었지요. 왕도정치보다 중국 통일에 더 관심이 많았던 선왕은 답하지 못했어요. 선왕의 속내를 알아챈 맹자는 낚싯밥을 던지듯 "전쟁의 목적이 먹고 입는 것을 얻기 위함입니까, 인생의 오락을 위함입니까"라며 또 물었어요. 그러자 선왕은 "나의 대망은 그런 것이 아니네"라고 답해요.

이에 맹자는 무력으로 중국 천하를 통일하려는 선왕에게 그런 것은 '나무에 올라가 물고기를 구하는 것'과 다를 바 없다고 해요. 그러자 선왕은 그렇게 어려운 일이냐고 묻죠. 이에 맹자는 그런 일은 어려울 뿐만 아니라 백성을 괴롭히는 것이고 나라를 망치는 큰 재난까지 겪게 될 수도 있다고 경고했다고 해요.

연목구어가 탄생한 것은 맹자의 지혜 덕분이네요. 여러분도 누군가 연목구어한 행동이 있다면 고사를 떠올리며 누군가에게 이 이야기를 들려주는 것은 어떨까요?

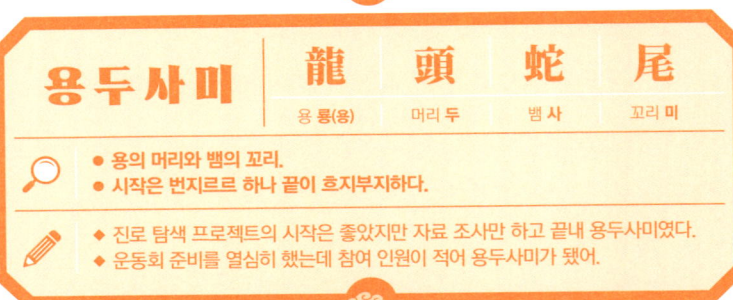

많은 일을 끝까지 해내는 방법은 무엇일까

용두사미	龍	頭	蛇	尾
	용 룡(용)	머리 두	뱀 사	꼬리 미

- 용의 머리와 뱀의 꼬리.
- 시작은 번지르르 하나 끝이 흐지부지하다.

◆ 진로 탐색 프로젝트의 시작은 좋았지만 자료 조사만 하고 끝내 용두사미였다.
◆ 운동회 준비를 열심히 했는데 참여 인원이 적어 용두사미가 됐어.

'피사의 사탑Torre pendente di Pisa'은 이탈리아 토스카나에 있는 피사 대성당의 종탑입니다. 실제로 기울어져 있기 때문에 '기울어진 탑'이라는 의미인 '사탑斜塔'이라고 불리지요. 처음 공사를 시작할 당시의 계획으로는 지금의 높이보다 훨씬 높고 웅장했다고 합니다. 하지만 시간과 비용이 부족해 지반 조사를 하지 않았고, 공사도 제대로 하지 않았습니다. 그러다 보니 탑은 기울어지기 시작했어요. 성당 측은 언 발에 오줌 누는 격으로 문제점이 발견될 때마다 설계를 바꾸며 마무리한 탓에 원래 계획했던 것보다 더 초라한 탑을 세우게 되었습니다. 하지만 이 기울어진 기이한 모습 때문에 도리어 유명해졌지요.

이렇게 시작은 번지르르 하나 끝이 흐지부지한 상황을 고사성어로 '용두사미'라고 표현합니다. '시작은 용의 머리지만 끝은 뱀의 꼬리'라는 뜻인 용두사미는 송나라 불교책 《벽암록》에서 비롯됐어요.

중국 용흥사라는 절에 진존숙이라는 유명한 스님이 있었어요. 스님은 부처님에게 기도를 올릴 때마다 짚신을 산길의 나뭇가지에 매달아 두었어요. 그 모습을 본 사람은 스님에게 왜 짚신을 매달아 두느냐고 물었지요. 스님은 먼 길을 가다 보면 짚신이 낡아 발이 불편한 사람이 많을 텐데, 그들의 발을 편하게 하기 위함이라고 했어요.

그러던 어느 날이었어요. 낯선 스님 한 분이 찾아와, 두 사람의 선문답이 시작됐죠. 진존숙이 스님에게 화두를 건네자마자 그는 다짜고짜 소리를 질렀어요. 진존숙은 도가 깊은 스님일 수 있다는 생각에서 다시 말을 걸었어요. 낯선 스님은 역시 버럭 역정을 냈어요.

두어 번 선문답을 한 진존숙은 낯선 스님의 수준을 알아챘죠. 엉뚱한 행동에서 겉보기에 그러할 듯할지 모르지만 속내는 수준이 낮았던 거예요. 진존숙은 그 모습을 보고는 생각했지요.

겉보기에는 용의 머리를 닮아 보이지만 실제로는 뱀의 꼬리인지도 모르겠습니다.

진존숙은 낯선 스님에게 "그대의 호령하는 위세는 좋지만, 소리를 외친 후에는 무엇으로 대화를 끝내려는가?"라고 물었어요. 그러자 스님은 슬그머니 자리를 피했다고 하죠.

용두사미 고사는 많은 교훈을 줍니다. 여러분도 용두사미가 되지 않도록 어떤 일을 하기 전에 미리 계획을 세워 그 일정을 잘 해내면 좋겠습니다.

진실은 왜 권력 앞에서 왜곡될까

지록위마	指	鹿	爲	馬
	가리킬 지	사슴 록	할 위	말 마

- 사슴을 가리키며 말이라 하다.
- 거짓 행동으로 윗사람을 속여 권세를 누리다.

- 잘못을 저지른 친구의 인기를 의식해 옹호하며 잘했다고 하니 지록위마였다.
- 반장 주변에서 지록위마하는 사람은 내 친구가 아니야.

1882년에 일어난 임오군란은 구식 군대가 신식 군대 '별기군'과의 차별 대우에 항의하면서 집단으로 일으킨 군란입니다. 급여도 밀리고, 한 달 치 봉급에 모래와 겨가 섞인 것을 본 군인들은 가뜩이나 차별이 심했는데 모멸감까지 느끼자 참을 수 없어 군란을 일으켰어요. 이 사태의 배후가 중전 민씨라는 소문이 돌자 군인들은 중전 민씨를 공격하려 했지요. 민씨는 당하기 전에 충주로 피신하는데 이때 한 무녀가 민씨를 찾아옵니다. 무녀는 불안해 하는 중전에게 큰 위로가 되었어요.

중전은 몸이 불편하거나 불안할 때마다 무녀의 도움을 받아 병을 치유했다고 해요. 군란이 어느 정도 정리되자, 중전은 환궁하면서 무녀도 함께 데리고 와요. 고종도 무녀의 신통력을 믿었기에 '진령군'이라는 작호까지 내리죠.

　고종과 중전의 총애를 한 몸에 받게 된 진령군의 위세는 조선을 흔들 만큼 커졌어요. 사람과 재물이 그녀의 집 앞에 줄을 설 정도였다니, 가히 권세가 어떠했는지 짐작이 가죠? 진령군은 고종과 중전의 권세를 믿고 사슴을 가리키면서 말이라고 하면 사람들은 말이라고 했습니다. 말이 아닌 사슴이라고 바른말을 했다간 큰일을 당할 수도 있었거든요. 이런 상황을 한자로 표기하면 '지록위마'라고 하는데, 《사기》의 〈진시황 본기〉에서 비롯됐어요.

　진나라가 망하는 것에 결정적인 역할을 한 관료이자 간신이었던 조고는 시황제가 죽자 승상 이사와 짜고 시황제의 어리석은 막내아들 호해를 왕으로 만들려고 했어요. 호해를 왕으로 만들려다 보니 시황제의 장남 부소와 명장 몽염이 걸림돌이었죠. 조고는 시황제가 두 사람더러 자결하라는 유서를 남겼다고 거짓말해서 둘을 제거해요.

　호해가 즉위하자, 조고는 이사를 배신해서 감옥에 가두는 한편 자기를 공격할 것으로 보이는 조정 충신들을 하나둘 제거해요. 그러면서 조고는 황제가 될 역심을 품고 신하들이 자신을 따를지 시험합니다. 조고는 사슴 한 마리를 가져와 황제에게 바치면서 '말'이라고 했어요. 영문을 모른 황제는 사슴을 말이라 하느냐며 어이없어해요. 그러자 조고는 다시 말이라고 우기며 신하들의 반응을 살펴요. 신하는 세 부류로 나뉘었는데, 말이라는 주장에 수긍하는 부류, 말이 아니라 사슴이라 말하는 부류, 답을 하지 않는 부류였어요.

그 후 조고는 진실을 말하거나 침묵했던 신하들을 제거했고, 오로지 조고의 말에 토를 달지 않는 신하만 남겼어요. 그 후로는 호해 황제를 죽이고 스스로 황제가 되었어요. 거짓으로 윗사람을 속여 위세를 부린 조고가 결국 황제 자리까지 꿰차는 과정이 무섭습니다. 조고처럼 하는 모습을 보고 지록위마라고 해요.

말을 바꾸면 진실도 바뀌는 것일까

조삼모사	朝	三	暮	四
	아침 조	석 삼	저물 모	넉 사

- 아침에 세 개 저녁에 네 개.
- 간사한 잔꾀로 남을 희롱하다.

- 게임에서 보상 조건만 바꾸고 실질은 똑같은 것은 조삼모사였다.
- 이전 시험 문제의 배치만 바꾼 재시험은 조삼모사야.

노벨경제학상을 수상한 행동경제학자 다니엘 카너먼과 아모스 트버스키는 실제 실험을 통해 '프레이밍 효과Framing Effect'를 발견했습니다. 프레이밍 효과란 같은 내용이라도 표현 방법에 따라 듣는 사람이 받아들이는 것이 다르다는 것을 말하지요. 이들은 프레이밍 효과를 확인하기 위해 두 그룹의 참가자들에게 질문을 던졌습니다. 치명적인 병에 걸린 600명을 대상으로 어떤 방역 대책을 선택할지 고르도록 했어요. 치료법 A로는 200명을 살릴 수 있고, B를 선택하면 600명 모두를 살릴 확률이 33퍼센트, 모두 죽을 확률이 67퍼센트였어요. 그러자 참여자 중 72퍼센트가 A를, 28퍼센트가 B를 선택했어요. 불확실한 큰 이득보다는 확실한 작은 이득을 선호한다는 의미일 것입니다.

반면 이들에게 400명이 죽는다는 C와 600명 모두가 죽을 확률 67퍼센트, 아무도 죽지 않을 확률 33퍼센트인 D 중에서 하나를 고르게 하자, 22퍼센트가 C를, 78퍼센트가 D를 선택했다고 해요. 여기서는 앞선 결과와 반대로 사람들이 확실한 손실이 아닌 불확실한 손실을 선호한다는 것을 알 수 있습니다.

눈치챘겠지만, 실험에서 A와 C, B와 D는 같은 명제입니다. 치료법 제시문에서 A,B와 C,D는 표현에서만 차이가 있었어요. '산다'라는 긍정적인 표현, '죽는다'라는 부정적인 표현의 차이지요. 결과는 똑같지만 사안을 어떤 틀에 담느냐에 따라 이처럼 사람들의 의사결정이 엇갈릴 수 있습니다. 이러한 현상은 광고 마케팅에서 많이 사용해요. 가령 하나 사면 하나 더 준다는 '원 플러스 원(1+1)' 같은 방법은 일정 비율을 할인하는 것보다 더 끌린다고 하지요. 우리가 여기서 알아볼 고사성어 '조삼모사'도 이런 심리를 잘 나타내는 말이에요. '아침에 3개 저녁에 4개'라는 말은《장자》의 〈제물론〉에 나와요.

송나라에 저공이라는 사람은 원숭이들을 길렀어요. 원숭이가 많아 늘 먹이가 부족했지요. 원숭이를 팔거나 주변 사람에게 입양을 보낼까 싶었지만 정이 들어 그럴 수 없었어요.

어떻게 하면 좋을까 궁리하다가 저공은 원숭이들에게 이렇게 제안해요. 도토리를 아침에 3개, 저녁에 4개를 주겠다고요. 원숭이들이 난리가 났죠. 먼저 제시된 아침의 '3'이란 숫자에 민감하게 반응한 것이죠. 그러자 저공이 다시 제안해요. 아침에 4개 저녁에 3개를 주겠다고 제안하자 원숭이들은 군소리 없이 수긍했다고 해요. 역시 앞에 제시된 '4'란 숫자에 꽂힌 것이죠. 이러나저러나 원숭이가 하루에 먹는 도토리의 양은 7개로 똑같아요. '3' 자와 '4' 자만 보고 민감하게 반응하는 것은 우리가 눈앞의 현실만 보는 어리석은 상황을 상징합니다.

조삼모사는 얕팍한 잔꾀로 상대방을 속이는 것을 뜻합니다. 조삼모사 같은 속임수는 우리 사회에서 많이 일어나고 있어요. 우선 닥친 문제만 해결하면 된다는 발상이죠. 하지만 그렇게 한들 머지않아 급한 불 끄면서 생긴 부작용까지 얹혀 더 많은 문제가 발생한다는 것을 알아야 해요.

꼬리에 꼬리를 무는 고사성어 이야기

초판 1쇄 발행 2025년 12월 15일

지은이 | 조성일
펴낸이 | 김연우
펴낸곳 | (주)태학사
등록 | 제406-2020-000008호
주소 | 경기도 파주시 광인사길 217
전화 | 031-955-7580
전송 | 031-955-0910
전자우편 | thspub@daum.net
홈페이지 | www.thaehaksa.com

편집 | 조윤형 여미숙 김태훈
마케팅 | 김민선
경영지원 | 김영지

ⓒ 조성일 2025. Printed in Korea.

값 16,800원
ISBN 979-11-6810-397-9 43710

"주니어태학"은 (주)태학사의 청소년 전문 브랜드입니다.

책임편집 김태훈
디자인 이유나